Dr. K. Jan Schiffer
Kornelia Reinke

Erben, Vererben, Verschenken

**Werte erhalten und
Steuerfehler vermeiden**

Cornelsen

Hinweis: In diesem Buch erläutern die Autoren ausgesuchte Aspekte der Testamentserstellung. Auch wenn hier Verhaltenstipps und Formulierungsbeispiele gegeben werden, ersetzt das nicht eine konkrete und individuelle Prüfung des Einzelfalls.

Die Internetadressen, die in diesem Buch angegeben sind, wurden vor Drucklegung geprüft (Stand: November 2009). Der Verlag und die Autoren übernehmen keine Gewähr für die Aktualität und den Inhalt dieser Adressen und solcher, die mit ihnen verlinkt sind.

Fotos: S. 44/45: © Carabay – Fotolia.com

Redaktion: Annette Preuß
Technische Umsetzung: Type Art, Grevenbroich
Umschlaggestaltung: Volkart Kruse, Berlin
Titelfoto: f1online/Jean Glueck

Informationen über Cornelsen Fachbücher und Zusatzangebote:
www.cornelsen.de/berufskompetenz

1. Auflage
© 2010 Cornelsen Verlag Scriptor GmbH & Co. KG, Berlin

Druck: Druckhaus Thomas Müntzer, Bad Langensalza

ISBN 978-3-589-23696-1

 Inhalt gedruckt auf säurefreiem Papier aus nachhaltiger Forstwirtschaft

Inhalt

Vorwort

Gegenwärtig werden die Vermögen der Aufbau- und Nachkriegsgeneration vererbt, beispielsweise ist jährlich in zehntausenden von Unternehmen und für noch sehr viel mehr private Immobilien die Nachfolge zu regeln.

Nur die wenigsten Menschen beschäftigen sich jedoch mit ihrem Tod und dessen Folgen. Die Absicherung ihrer Familie liegt ihnen aber dennoch sehr am Herzen. Zwischen diesen beiden Punkten hin und her gerissen, fühlen sich viele Menschen bei der Frage nach ihrem letzten Willen wie gelähmt. Die Masse der Deutschen verzichtet deshalb auf ein Testament oder eine sonstige letztwillige Verfügung.

Wer ohne letztwillige Verfügung verstirbt, verzichtet aber nicht nur darauf, seinen Ehegatten/Lebenspartner und seine Abkömmlinge sicher, steuerlich optimal und fair zu bedenken, sondern hinterlässt häufig auch unnötigen Streit unter seinen Erben über sein oft unter großen Mühen erarbeitetes Vermögen.

In diesem Buch wird mit vielen Beispielfällen für Erblasser und Erben praxisnah erläutert, wie man sein Vermögen sicher und fair der nächsten Generation übergibt, wie ein Erbenstreit möglichst vermieden wird und was man als Erbe beachten sollte. Zusätzlich werden auch die rechtlich und steuerlich sinnvoll gestaltete lebzeitige Übergabe (vorweggenommene Erbfolge) und die Stiftung als Erbe behandelt.

Die Neuerungen des Erbschaftsteuer- und Bewertungsrechts, die seit dem 01.01.2009 gelten, sind berücksichtigt. Ebenso wurden die Neuerungen der

Erbschaftsreform, die der Bundestag am 02.07.2009 verabschiedet hat und die zum 01.01.2010 in Kraft getreten sind, eingearbeitet.

Nach der Lektüre ist der Leser in der Lage, die Grundlagen des Erbens und Vererbens besser zu verstehen und sein Testament (vor) zu entwerfen. Er wird konkret vorbereitet auf das Gespräch mit seinem Anwalt oder Notar. Ein solches ist aufgrund der Komplexität des Themas grundsätzlich unerlässlich, denn in diesem Buch kann das Thema natürlich nicht in allen Einzelheiten dargestellt werden.

Über Fragen und Anregungen zu dem schwierigen Thema Erben und Vererben freuen wir uns jederzeit. Sie erreichen uns über www.schiffer.de.

Bonn, im November 2009

K. Jan Schiffer und Kornelia Reinke

1 Grundlagen des Erbens und Vererbens

Recht und Gesetz

Testierfreiheit: Gesetzliches oder letztwilliges Erbrecht

Im deutschen Erbrecht gilt der Grundsatz der Testierfreiheit: Einem Erblasser steht es grundsätzlich frei, nach seinen Wünschen über sein Vermögen letztwillig durch ein Testament oder einen Erbvertrag zu verfügen oder es zu lassen, sodass die gesetzliche Erbfolge eintritt.

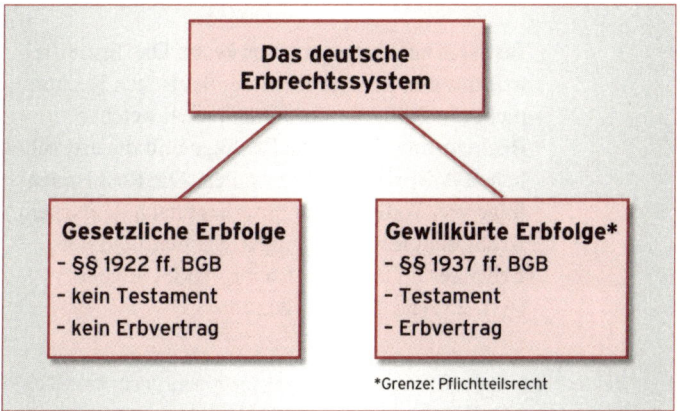

Abb. 1: Das deutsche Erbrechtssystem

Der Erblasser kann in einer letztwilligen Verfügung fast beliebig von der gesetzlichen Erbfolge abweichen. Er hat dabei nur einige wenige Grenzen zu beachten:

- **Pflichtteilsrecht:** Nach dem aktuellen deutschen Erbrecht darf der Erblasser seine nächsten

Verwandten (Abkömmlinge, Ehegatte/eingetragener Lebenspartner nach § 10 LPartG, Eltern) grundsätzlich nicht völlig übergehen. Schließt der Erblasser seine nächsten Verwandten von der Erbfolge aus, so werden diese durch das so genannte Pflichtteilsrecht geschützt (vgl. Kapitel 2).

- **Sittenwidrigkeit:** Ein Rechtsgeschäft, das gegen die guten Sitten verstößt, ist nichtig (§ 138 BGB). Das gilt auch für eine letztwillige Verfügung. Ist diese nach ihrem Inhalt, Zweck, Beweggrund und Ausmaß sittenwidrig, ist sie unwirksam.

Nichtig ist etwa eine letztwillige Bedingung, ein Religionsbekenntnis zu wechseln oder eine bestimmte Person zu heiraten oder einen Ehegatten zu verlassen.

- **Testieren nur nach deutschem Recht:** Die Testierfreiheit umfasst aus der Sicht des deutschen Rechts nicht die Befugnis, zu wählen, nach welcher Rechtsordnung sich die Erbfolge und die erbrechtlichen Ansprüche richten sollen. Die Rechtsnachfolge von Todes wegen unterliegt nach deutschem Recht dem Recht desjenigen Staates, dem der Erblasser im Zeitpunkt seines Todes angehört (Art. 25 Abs. 1 EGBGB).

Ein deutscher Erblasser kann demnach z.B. nicht anordnen, dass sich sein Testament nach ägyptischem Recht richtet. Ein ausländischer Erblasser kann aber etwa für in Deutschland belegenes unbewegliches Vermögen in seiner letztwilligen Verfügung die Anwendbarkeit deutschen Rechts wählen (Art. 25 Abs. 2 EGBGB).

Von der Testierfreiheit ist die Testierfähigkeit zu unterscheiden (vgl. Kapitel 2).

Erbfähigkeit

Der Mensch wird nach deutschem Recht erst mit der Geburt rechtsfähig (§ 1 BGB). Erbe kann demnach nur werden, wer zur Zeit des Erbfalls lebt. Wer dann noch nicht lebte, aber bereits gezeugt war, gilt nach dem Gesetz aber als vor dem Erbfall geboren (§ 1923 BGB).

Erbfähig ist auch jede juristische Person (GmbH, AG, Stiftung, rechtsfähiger Verein), die zur Zeit des Erbfalles besteht.

Eine vom Erblasser errichtete Stiftung (vgl. Kapitel 3), die erst nach dessen Tod anerkannt wird und damit entsteht, wird für eine Zuwendung des Stifters an sie als schon vor dessen Tode entstanden angesehen (§ 84 BGB). Personengesellschaften wie OHG, KG und (nach neuer Auffassung) die Gesellschaft bürgerlichen Rechts (GbR) sowie ein nicht rechtsfähiger Verein sind ebenfalls erbfähig.

▽ Praxistipp

Oft fragen potenzielle Erblasser nach dem Fall des **gleichzeitigen Versterbens**. Kann bei einem Todesfall mehrerer Personen (z.B. der Eltern) nicht bewiesen werden, wer von ihnen länger gelebt hat, gilt die gesetzliche Vermutung, dass sie gleichzeitig verstorben sind (§ 11 Verschollenheitsgesetz). Keiner von ihnen kann dann Erbe, Nacherbe oder Vermächtnisnehmer des anderen sein. Letztwillige Verfügungen können für diesen Fall die so genannte Unfallklausel enthalten:

"Für den Fall, dass wir Eltern durch einen Unfall oder ein sonstiges Ereignis gleichzeitig oder als unmittelbare Folge kurz nacheinander versterben, bestimmt jeder von uns zu seinen Erben unsere Kinder ..."

Durch diese Verfügung werden mehrere wirtschaftlich unsinnige Erbfälle, die kurz nacheinander aufgrund eines Ereignisses eintreten, vermieden. Das ist schon deshalb sinnvoll, weil die Erbfälle jeweils gesondert der Erbschaftsteuer unterlägen.

Erbunwürdigkeit

Wer erbunwürdig ist, wird von der Erbfolge ausgeschlossen (§§ 2339 ff. BGB). Er hat dann auch keinen Anspruch mehr auf den Pflichtteil (vgl. Kapitel 2) oder auf ein Vermächtnis sowie auf weitere erbrechtliche Ansprüche (Voraus des Ehegatten § 1932 BGB, Dreißigster § 1969 BGB).

> Die Erbunwürdigkeit schließt nicht das Erbrecht der Abkömmlinge eines für erbunwürdig Erklärten aus.

Erbunwürdig ist,
* wer den Erblasser vorsätzlich und widerrechtlich getötet hat oder zu töten versucht hat;
* wer den Erblasser in einen Zustand versetzt hat, infolge dessen der Erblasser bis zu seinem Tode unfähig war, eine Verfügung von Todes wegen zu errichten oder aufzuheben;
* wer den Erblasser vorsätzlich und widerrechtlich gehindert hat, eine Verfügung von Todes wegen zu errichten oder aufzuheben;
* wer entgegen dem Willen des Erblassers ein Testament absichtlich nicht vernichtet;
* wer sich bei einer Verfügung von Todes wegen einer Urkundenfälschung schuldig gemacht hat.

Die in der Praxis seltene Feststellung der Erbunwürdigkeit erfolgt über eine Anfechtungsklage vor einem ordentlichen Gericht (§ 2342 BGB). Sie kann nur innerhalb eines Jahres ab Kenntnis des Anfechtungsgrundes erfolgen (§ 2340 Abs. 3, § 2082 BGB) und frühestens ab dem Erbfall.

Einem Nacherben gegenüber kann die Anfechtung erfolgen, sobald die Erbschaft dem Vorerben angefallen ist. Die Erbunwürdigkeit tritt mit der Rechtskraft des sie bestätigenden Urteils ein.

Die Anfechtung ist ausgeschlossen bei einer Verzeihung (§ 2343 BGB). Eine Verzeihung ist selbst bei einem Mordversuch möglich.

Anfechtungsberechtigt ist jeder, für den der Wegfall des Erbunwürdigen vorteilhaft ist (§ 2341 BGB): Mehrere Anfechtungsberechtigte können ihr Anfechtungsrecht jeweils selbstständig ausüben. Der angestrebte Vorteil muss sich auf die Erbfolge beziehen.

> Erbunwürdiger schließt den Anfechtenden als Ersatzerben von der Erbfolge aus; Erbunwürdiger ist Vorerbe, Anfechtender ist Nacherbe.

Pflichtteils- oder Vermächtnisunwürdigkeit

Wird „nur" eine Vermächtnisunwürdigkeit oder Pflichtteilsunwürdigkeit aus den oben genannten Gründen geltend gemacht (§ 2345 BGB), genügt eine formlose Anfechtungserklärung. Eine Anfechtungsklage ist nicht erforderlich. Erkennt der Unwürdige die Anfechtung nicht an, muss er aktiv werden, d.h. etwa „sein" Vermächtnis einklagen.

Gesamtrechtsnachfolge der Erben

Die Rechtsfähigkeit eines Menschen endet nach deutschem Recht mit dem Tod, d.h., die höchstpersönlichen Rechte und Pflichten eines Menschen (z.B. Mitgliedschaft in einem Verein, Eherechte und -pflichten, Nießbrauchsrechte, ...) erlöschen.

Mit dem Tod des Erblassers (Erbfall) gehen alle seine nicht höchstpersönlichen Rechte und Pflichten als Ganzes auf seinen (Allein-)Erben oder seine Erben (Erbengemeinschaft) von selbst über, und zwar unabhängig davon, ob es sich um gesetzliche Erben oder um Erben aufgrund einer letztwilligen Verfügung handelt.

Die Erben werden also z.B. automatisch Eigentümer der Immobilien und der beweglichen Sachen und Inhaber der Forderungen (Sparbuch, Steuererstattungen, ...) des Erblassers. Sie werden ebenfalls unmittelbar Inhaber seiner Verpflichtungen und Schulden/Verbindlichkeiten (Einkommensteuerforderungen, Darlehensverbindlichkeiten gegenüber einer Bank, ...).

Die Erben müssen den Vermögensübergang nicht einmal annehmen. Sie können das Erbe allerdings ausschlagen (vgl. Kapitel 6).

Den automatischen Übergang des Nachlasses / der Erbschaft auf den bzw. die Erben nennt man Gesamtrechtsnachfolge (§ 1922 BGB). Das ist eine Besonderheit des deutschen Rechts. In England und in Österreich beispielsweise geht der Nachlass nicht automatisch auf die Erben über. In Deutschland bildet der Nachlass / die Erbschaft eine vermögensrechtliche Gesamtheit, die als Ganzes übergeht.

Das deutsche Recht kennt nur einige wenige, allerdings praktisch besonders bedeutsame Ausnahmen von dem Grundsatz der Gesamtrechtsnachfolge:

- **Fortführung eines Mietverhältnisses durch Haushaltsangehörige:** Ein im gemeinsamen Haushalt lebender Ehegatte oder Lebenspartner tritt nach dem Gesetz unabhängig von der Erbfolge in das Mietverhältnis ein, wenn der Erblasser alleiniger Mieter war (§ 563 BGB). Das gilt entsprechend auch für Kinder und weitere Personen der Haushaltsgemeinschaft. Die Betreffenden können den Eintritt innerhalb eines Monats ab Kenntnis vom Tod des Mieters ablehnen. Der Vermieter kann das Mietverhältnis innerhalb eines Monats, nachdem er von dem endgültigen Eintritt in das Mietverhältnis Kenntnis erlangt hat, kündigen, wenn in der Person des Eintretenden ein wichtiger Grund vorliegt.

- **Vorausvermächtnis eines Vorerben:** Wendet der Erblasser einem alleinigen Vorerben (vgl. Kapitel 2) ein Vorausvermächtnis zu, scheidet dieses grundsätzlich schon mit dem Erbfall aus der gebundenen Vorerbmasse aus, es geht unmittelbar in das freie Eigentum des Vorerben über (§ 2110 Abs. 2 BGB).

- **Hoferbfolge:** Ein „Hof" ist ein landwirtschaftlicher Betrieb nebst allem, was zu der Wirtschaftseinheit gehört. Er geht nach § 4 der Höfeordnung der Länder der ehemaligen britischen Zone (Nordrhein-Westfalen, Niedersachsen, Hamburg und Schleswig-Holstein) mit dem Erbfall kraft Gesetzes unmittelbar in das Eigentum des gesetzlichen oder letztwillig bestimmten Hoferben über. Die übrigen Erben haben zum Ausgleich nur besondere Geldansprüche gegen den Hoferben. In Bremen, Hessen, Rheinland-Pfalz und Baden-Württemberg gelten ähnliche Regelungen kraft Landesrechts. Der Übergang des übrigen „hoffreien" Nachlasses richtet sich nach den allgemeinen erbrechtlichen Vorschriften im BGB.

- **Personengesellschaften:** Bei Personengesellschaften (Gesellschaft bürgerlichen Rechts, OHG, KG) finden sich in den Gesellschaftsverträgen sehr oft so genannte Nachfolgeklauseln, wonach der Gesellschaftsanteil nur auf bestimmte letztwillig festgelegte Personen übergehen kann (vgl. Kapitel 4).

Wann gilt die gesetzliche Erbfolge?

Wer ohne eine letztwillige Verfügung verstirbt, d.h. ohne ein Testament oder einen Erbvertrag, vererbt sein Vermögen nach dem Gesetz. Die gesetzliche Erbfolge ist im Bürgerlichen Gesetzbuch in den §§ 1924 bis 1936 BGB geregelt.

Gesetzliche Erben sind die Verwandten des Erblassers, sein Ehegatte (§ 1931 BGB) oder sein eingetragener Lebenspartner (§ 10 LPartG) und wenn unter diesen kein Erbe existiert, der Fiskus, der Staat (§ 1936 BGB).

Die pauschalen gesetzlichen Regelungen passen in der Regel allerdings nicht auf den konkreten Fall eines Erblassers. Das wird besonders deutlich in den sog. „Patchwork-Familien".

Die gesetzliche Erbfolge greift nicht nur, wenn eine letztwillige Verfügung fehlt, sondern auch,

- wenn der Erblasser bei seiner letztwilligen Verfügung nicht testierfähig war, d.h. nicht die erforderliche Geschäftsfähigkeit besaß;
- wenn die letztwillige Verfügung wegen eines Verstoßes gegen ein gesetzliches Verbot (§ 134 BGB) oder gegen die guten Sitten (§ 138 BGB) nichtig ist;
- wenn die vom Erblasser eingesetzten Erben die Erbschaft ausgeschlagen haben;
- wenn die letztwilligen Erben für erbunwürdig erklärt worden sind;
- wenn die letztwillige Verfügung etwa wegen Irrtums oder wegen einer Drohung oder sonst wirksam angefochten worden ist (§§ 2078, 2079 BGB);
- wenn der Erblasser nur über Teile seines Vermögens letztwillig verfügt hat.

Ordnungen und Stämme: Das gesetzliche Verwandtenerbrecht

Das BGB hat für die Erbfolge nach Gesetz ein Verwandtenerbrecht für die Hinterbliebenen des Erblassers festgelegt („Parentelsystem"), wonach die Erben je nach ihrer Abstammung in verschiedene Ordnungen eingeteilt werden. Die Verwandten aus einer nachfolgenden Ordnung sind von der gesetzlichen Erbfolge ausgeschlossen, solange ein Verwandter einer vorhergehenden Ordnung existiert (§ 1930 BGB).

Gesetzliche Erben der 1. Ordnung

Die Abkömmlinge des Erblassers (Kinder, Enkel, Urenkel, usw.) sind gesetzliche Erben der 1. Ordnung (§ 1924 BGB). Dabei macht es nach aktuellem Recht keinen Unterschied mehr, ob es sich um ein eheliches oder um ein nichteheliches Kind handelt.

An die Stelle eines zuvor verstorbenen Abkömmlings treten im Erbfall dessen (bis dahin von der gesetzlichen Erbfolge ausgeschlossenen) Nachkommen. An die Stelle eines zur Zeit des Erbfalles nicht mehr lebenden Abkömmlings treten bei der gesetzlichen Erbfolge nach dem so genannten Stammesprinzip die durch ihn mit dem Erblasser verwandten Abkömmlinge. Kinder erben nach dem Gesetz zu gleichen Teilen.

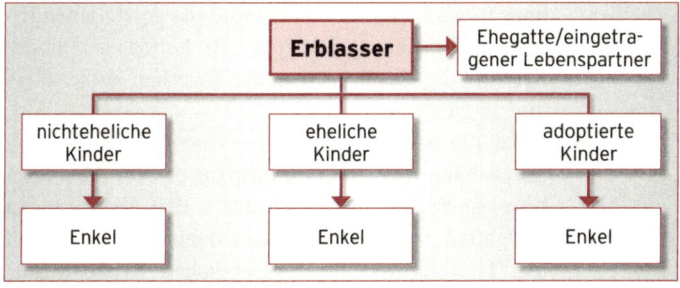

Abb. 2: Erben 1. Ordnung

Gesetzliche Erben der 2. Ordnung

Die Eltern des Erblassers und deren Abkömmlinge (Geschwister des Erblassers, ...) sind die gesetzlichen Erben der 2. Ordnung (§ 1925 BGB). Leben zur Zeit des Erbfalls noch die Eltern des Erblassers, so erben sie abgesehen vom Ehegatten des Erblassers allein und zu gleichen Teilen.

Lebt nur noch ein Elternteil des Erblassers, so erbt er nach dem Gesetz allein, wenn der Erblasser der einzige Abkömmling war. Hat der Erblasser hingegen Geschwister, so treten diese an die Stelle des verstorbenen Elternteils (Stammesprinzip).

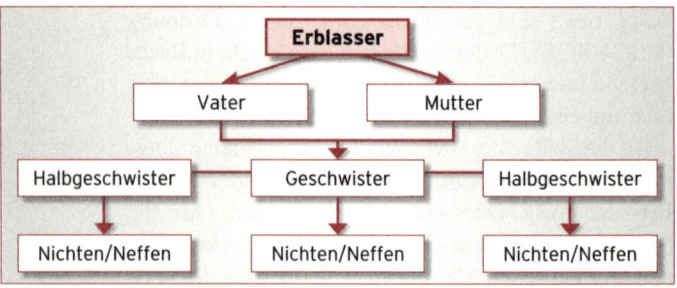

Abb. 3: Erben 2. Ordnung

Gesetzliche Erben der 3. Ordnung

Die Großeltern des Erblassers und deren Abkömmlinge (Onkel und Tanten, ...) sind die gesetzlichen Erben der 3. Ordnung (§ 1926 BGB). Leben zur Zeit des Erbfalls die Großeltern noch, so erben diese allein und zu gleichen Teilen.

An die Stelle eines verstorbenen Großelternteils treten nach dem Stammesprinzip dessen Abkömmlinge. Diese werden jedoch durch den überlebenden Ehegatten des Erblassers (siehe dazu sogleich) in vollem Umfang von ihrer gesetzlichen Erbenstellung ausgeschlossen (§ 1931 BGB).

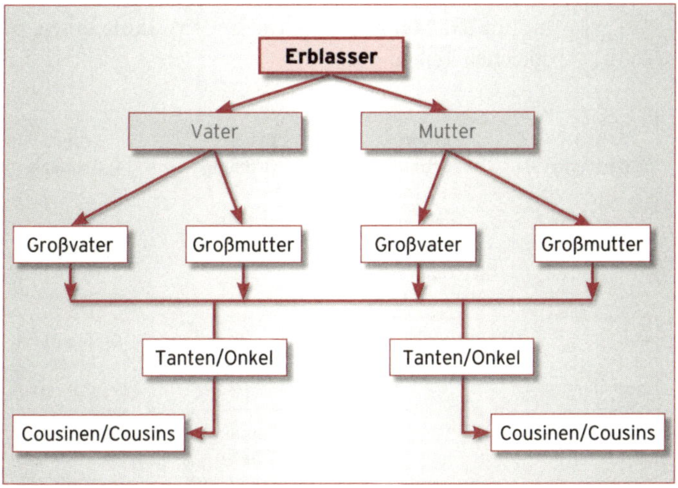

Abb. 4: Erben 3. Ordnung

Gesetzliche Erben der 4. Ordnung

Das sind die Urgroßeltern des Erblassers und deren Abkömmlinge (§ 1928 BGB). Leben zur Zeit des Erbfalls die Urgroßeltern noch, so erben diese allein und zu gleichen Teilen, und zwar ohne Unterschied, ob sie derselben Linie oder verschiedenen Linien angehören.

Mit der 4. Ordnung wird das gesetzliche Erbrechtssystem erheblich geändert.

Ab der 4. Ordnung gilt die Aufteilung nach Linien und das Eintrittsrecht nach Stämmen nicht mehr. Leben keine Großeltern mehr, so wird zur Vereinfachung auf das so genannte Gradualsystem übergangen.

Danach erbt von den Abkömmlingen der allesamt verstorbenen Urgroßeltern der Abkömmling, der mit dem Erblasser dem Grade nach am nächsten verwandt ist. Mehrere gleich nahe Verwandte erben zu gleichen Teilen.

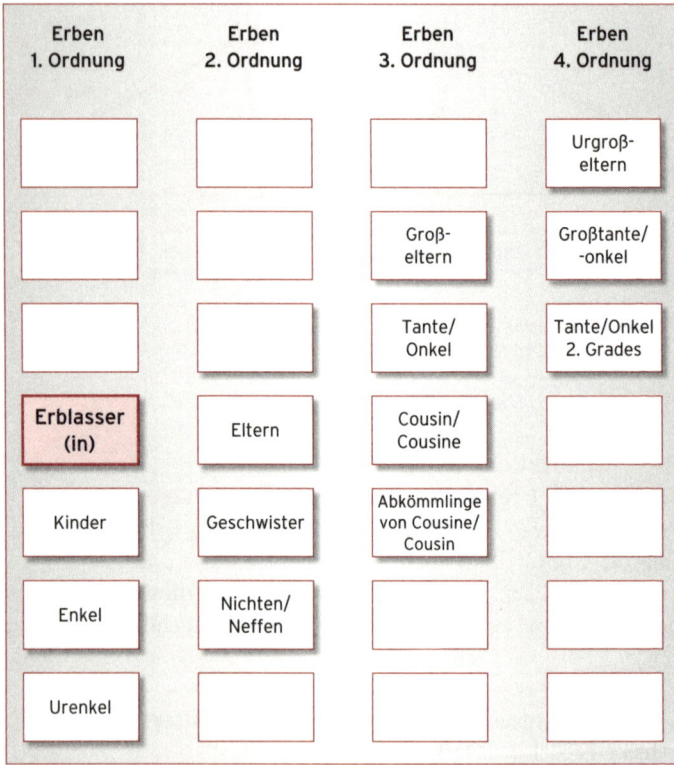

Erben 1. Ordnung	Erben 2. Ordnung	Erben 3. Ordnung	Erben 4. Ordnung
			Urgroß-eltern
		Groß-eltern	Großtante/-onkel
		Tante/Onkel	Tante/Onkel 2. Grades
Erblasser (in)	Eltern	Cousin/Cousine	
Kinder	Geschwister	Abkömmlinge von Cousine/Cousin	
Enkel	Nichten/Neffen		
Urenkel			

Abb. 5: Gesetzliche Erbfolge nach Ordnungen

Sonderfall: Der überlebende Ehegatte

Der überlebende Ehegatte des Erblassers ist ohne Beachtung des Ehegüterstandes (vgl. Kapitel 1) neben Verwandten der ersten Ordnung zu einem Viertel, neben Verwandten der zweiten Ordnung oder neben Großeltern zur Hälfte der Erbschaft gesetzlicher Erbe (§ 1931 BGB).

Treffen hier im gesetzlichen Erbfall mit Großeltern auch Abkömmlinge von Großeltern als Erben dritter Ordnung zusammen, so erhält der Ehegatte auch von der anderen Hälfte denjenigen Anteil, der den Erben dritter Ordnung zufallen würde. Sind weder Verwandte der ersten oder der zweiten Ordnung noch Großeltern vorhanden, so erhält der überlebende Ehegatte die ganze Erbschaft.

Eingetragene Lebenspartnerschaft

Mit dem Lebenspartnerschaftsgesetz gibt es seit 2001 die „eingetragene Lebenspartnerschaft" als neues Rechtsinstitut, die weitgehend der Ehe nachgebildet ist. Eine eingetragene Lebenspartnerschaft wird begründet, wenn zwei volljährige, nicht verheiratete Personen gleichen Geschlechts vor der zuständigen Behörde übereinstimmend erklären, dass sie miteinander eine solche Partnerschaft auf Lebenszeit führen wollen.

◆ Die Lebenspartner sind im Erb- und Pflichtteilsrecht den Ehegatten gleichgestellt. Sie erhalten allerdings naturgemäß nicht den ehegüterrechtlichen zusätzlichen 1/4-Erbteil wegen des Zugewinnausgleichs (§ 1371 BGB).

◆ Neben Verwandten der 1. Ordnung erhalten sie 1/4 als gesetzliche Erbquote, neben Großeltern oder neben Verwandten der 2. Ordnung erhalten sie 1/2 (§ 10 LPartG). Entsprechend verkürzen sich die Erb- und Pflichtteilsquoten der Verwandten des Erblassers.

◆ Weil das Gesetz eine Heirat eines Partners mit einer weiteren Person nicht ausschließt, soll bei einer solchen Heirat des Erblassers dieser von seinem Ehegatten und zugleich von seinem Lebenspartner gesetzlich beerbt werden können. Das ist rechtlich sehr umstritten, gerade deshalb sollte der Erblasser diesen Fall durch eine ausdrückliche letztwillige Verfügung regeln.

Sonderfall: Adoption/Kindesannahme

Was folgt erbrechtlich aus einer Adoption? Regelfall nach dem Gesetz ist die Annahme Minderjähriger

(§ 1741 ff. BGB), denn mit ihr wird rechtlich ein vollkommenes Eltern-Kind-Verhältnis zwischen dem Annehmenden und dem als Kind Angenommenen begründet.

Der Angenommene tritt rechtlich in die neue Familie ein und scheidet aus allen Rechtsbeziehungen mit seiner bisherigen Familie aus (Volladoption). Er gehört dann auch erbrechtlich zu der neuen Familie.

Für Adoptionen im Ausland und für solche in Deutschland vor dem Adoptionsgesetz aus dem Jahre 1977 gelten Besonderheiten, die im Einzelfall mit einem spezialisierten Anwalt zu besprechen sind.

Volljährige können nur adoptiert werden (§§ 1767 ff. BGB), falls besondere Gründe das rechtfertigen – etwa, wenn bereits ein Eltern-Kind-Verhältnis entstanden ist. Als Grund reicht beispielsweise nicht aus, dass man die damit verbundenen Vorteile des Erbschaftsteuerrechts erlangen will.

In der Praxis findet man Volljährigenadoptionen z.B. in Unternehmerfamilien.

Der Onkel ist kinderlos geblieben, hat aber zu seiner Nichte, die ihm im Unternehmen nachfolgen soll, über die Jahre eine enge Beziehung aufgebaut.

Das Verwandtschaftsverhältnis zu der bisherigen Familie bleibt bei einer Volljährigenadoption – anders als bei einer Minderjährigenadoption – grundsätzlich bestehen, der Angenommene wird also nicht verwandt mit den Verwandten des Annehmenden. Auf Antrag des Annehmenden und des Angenommenen kann das Gericht in den besonderen Fällen des § 1772 BGB aber die Wirkungen der Volladoption wie bei einem Minderjährigen aussprechen.

Ehegattenerbrecht und Güterstände

Der Ehegatte ist neben den Verwandten des Erblassers gesetzlicher Erbe (§ 1931 BGB), dabei hat der Güterstand der Eheleute eine ganz erhebliche erbrechtliche Auswirkung. Der gesetzliche Regelgüterstand der Zugewinngemeinschaft besteht in einer Ehe automatisch, wenn die Eheleute nicht ausdrücklich in einem notariellen Ehevertrag etwas anderes (Gütergemeinschaft, Gütertrennung) vereinbart haben.

Endet die Zugewinngemeinschaft durch Tod eines Ehepartners und sind weitere Erben erster Ordnung vorhanden, wird der Zugewinn, den die Eheleute während der Ehe erwirtschaftet haben, entweder nach der erbrechtlichen oder der güterrechtlichen Lösung ausgeglichen:

- Gesetzlicher Regelfall ist die erbrechtliche Lösung (§ 1371 BGB): Das gesetzliche Erbe (nicht die testamentarische Zuwendung) wird dabei pauschal um ein Viertel erhöht. Dabei ist unerheblich, ob die Ehepartner tatsächlich einen Zugewinn erzielt haben.
- Die erbrechtliche Lösung scheidet aus, wenn der verstorbene Ehepartner weder gesetzlicher Erbe noch testamentarischer Erbe noch Vermächtnisnehmer geworden ist, sei es weil er vom verstorbenen Erblasser enterbt worden ist (§ 1371 Abs. 2 BGB) oder sei es weil der überlebenden Ehepartner das Erbe ausgeschlagen hat (§ 1371 Abs. 3 BGB). Dann bleibt es bei der nachfolgend beschriebenen güterrechtlichen Lösung.
- Statt der pauschalen erbrechtlichen Lösung kann der überlebende Partner aber auch den konkreten Zugewinnausgleich berechnen und sich zusätzlich zu seinem Erbe auszahlen lassen (güterrechtliche Lösung).

Steuerrechtliche Hinweise

Der tatsächliche Zugewinnausgleichsbetrag ist erbschaftsteuerfrei (§ 5 Abs. 1 ErbStG; vgl. auch Kapitel 7). Wird die pauschale erbrechtliche Lösung für den Zugewinnausgleich gewählt oder in einem (notariellen) Ehevertrag vereinbart, muss der korrekte Zugewinnausgleich aber jedenfalls für die Steuer berechnet werden (§ 1371 BGB, „Zugewinnausgleich im Todesfall"), damit die Steuerfreiheit für diesen Teil geltend gemacht werden kann (vgl. Schiffer/Scherf 2006).

Der tatsächliche Zugewinn ist auch schenkungsteuerfrei, wenn die Zugewinngemeinschaft lebzeitig beendet wird, d.h. etwa durch Aufhebung der Zugewinngemeinschaft (§ 5 Abs. 2 ErbStG).

Ehegatte	neben Erben der 1. Ordnung	neben Erben der 2. Ordnung und Großeltern der 3. Ordnung	neben weiteren Personen der 3. Ordnung und 4. Ordnung
Zugewinngemeinschaft (Regelgüterstand) → § 1371 BGB	1/4 1/4 1/2 Kinder jeweils zu gleichen Teilen	1/2 1/2 Die Erben teilen sich die Hälfte	1/1
	1/2 1/2 1 Kind	1/2 1/2 Die Erben teilen sich die Hälfte	1/1
Gütertrennung → § 1931 BGB	1/3 1/3 1/3 2 Kinder	1/2 1/2 Die Erben teilen sich die Hälfte	1/1
* bei mehr als 3 Kindern teilen sich diese 3/4 zu gleichen Teilen	1/4 1/4 1/4 1/4 3 Kinder	1/2 1/2 Die Erben teilen sich die Hälfte	1/1
Gütergemeinschaft → § 1931 BGB	1/4 3/4 Kinder jeweils zu gleichen Teilen	1/2 1/2 Die Erben teilen sich die Hälfte	1/1

Abb. 6: Gesetzliches Ehegattenerbrecht – in Erbquoten nach Güterständen (§§ 1931, 1371 BGB)

Bei gesetzlicher Erbfolge steht dem überlebenden Ehegatten zusätzlich der so genannte Voraus zu, d.h., er hat gegen die Erben einen schuldrechtlichen Anspruch im Sinne eines gesetzlichen Vermächtnisses auf Herausgabe der zum Haushalt gehörenden Gegenstände und auf die Hochzeitsgeschenke (§ 1932 BGB).

Erbengemeinschaft

Der Nachlass ist gemeinschaftliches Vermögen aller Erben (§ 2032 BGB). Mehrere gesetzliche oder gewillkürte Erben bilden vorübergehend als „Durchgangsstadium" eine Erbengemeinschaft, d.h., sie sind eine Gesamthandgemeinschaft.

Keinem Miterben gehören bestimmte Nachlassgegenstände oder ein bestimmter Bruchteil an diesen. Mit der gesamthänderischen Bindung des Nachlasses wird dieser zu einem Sondervermögen, das rechtlich von dem übrigen Vermögen der Erben getrennt ist.

Ein Gläubiger, der in den gesamthänderisch gebundenen Nachlass vollstrecken will, muss einen vollstreckbaren Titel gegen alle Miterben (§ 747 ZPO) oder gegen den Erblasser (§ 722 ZPO) haben, den er dann auf die Erben umschreiben lassen kann.

Zwar steht jedem Miterben nach seiner gesetzlichen oder gewillkürten Erbquote ein Anteil am Gesamtnachlass zu, aber nur alle Erben können gemeinschaftlich über den Gesamtnachlass verfügen und diesen verwalten.

Dabei entscheiden sie nicht mit Stimmenmehrheit nach Köpfen, sondern nach der Größe ihrer Erbquoten (§§ 2038 Abs. 2, 745 BGB).

Jeder Miterbe ist den anderen Miterben gegenüber verpflichtet, an Verwaltungsmaßregeln mitzuwirken, die

zur ordnungsgemäßen Verwaltung des Nachlasses erforderlich sind.

▽ **Praxistipp**

Jeder Erbe kann grundsätzlich jederzeit die Auseinandersetzung verlangen. Der Erblasser kann für einen Zeitraum von höchstens 30 Jahren ab dem Erbfall für den Gesamtnachlass oder für einzelne Nachlassgegenstände die Auseinandersetzung durch Verfügung von Todes wegen ausschließen (§ 2044 BGB).

Ein Miterbe kann die aus Sicht eines vernünftig und wirtschaftlich denkenden Beurteilers zur Erhaltung des Nachlasses notwendigen Maßregeln als „Notgeschäftsführer" ohne Mitwirkung der anderen Miterben treffen. Er kann auch als Einzelner für die Erbengemeinschaft handeln, wenn dem die anderen Miterben zustimmen (§§ 182 ff. BGB).

Der Erblasser kann in seiner letztwilligen Verfügung bestimmen, dass einzelnen Miterben besondere Verwaltungsrechte zustehen. Typischerweise ist das dann ein Fall der Testamentsvollstreckung (vgl. Kapitel 3).

Aus dem Nachlass haben die Miterben zunächst die Nachlassverbindlichkeiten zu begleichen (§ 2046 BGB). Der sich anschließend ergebende Überschuss gebührt den Miterben entsprechend ihrer Erbquoten (§ 2047 BGB).

Jeder Miterbe kann über seinen Anteil am Nachlass durch notariellen Vertrag verfügen (§§ 2033, 2040 BGB). Über einen einzelnen Nachlassgegenstand kann ein Miterbe nur dann allein verfügen, wenn die Erbengemeinschaft aufgelöst („auseinandergesetzt", §§ 2042 ff. BGB) ist und er dabei den betreffenden einzelnen Gegenstand erhalten hat.

▽ **Praxistipp**

Ist eine einvernehmliche Auseinandersetzung des Gesamtnachlasses durch Erbteilungsvertrag der Miterben nicht möglich, so hat jeder Miterbe das Recht, Teilungsklage zu erheben oder bestimmte Nachlassgegenstände (Immobilien) durch eine Teilungsversteigerung verwerten zu lassen (§§ 2041, 753 BGB, § 180 ZVG). Der dabei erzielte Erlös wird unter den Miterben nach deren Erbquoten verteilt.

Erbenhaftung

Im Erbfall gehen nicht nur die Aktiva, sondern auch die Schulden des Erblassers auf den Erben über (Grundsatz der unbeschränkten Haftung und Gesamtrechtsnachfolge, § 1922 BGB). Der Erbe haftet mithin als gesetzlicher oder gewillkürter Erbe für die Nachlassverbindlichkeiten (§ 1967 Abs. 1 BGB).

Man unterscheidet für die Erbenhaftung drei Hauptgruppen von Nachlassverbindlichkeiten:

- **Erbfallschulden** (§ 1967 Abs. 2 BGB): Das sind die Verbindlichkeiten, die durch den Erbfall an sich entstehen, nämlich vor allem
  - die Erbschaftsteuer (§§ 9 Nr. 1, 20 ErbStG);
  - Vermächtnisse und Auflagen (§§ 2147 ff., 2192 ff. BGB);
  - die „gesetzlichen Vermächtnisse": der Ausbildungsanspruch der Stiefkinder (§ 1371 Abs. 4 BGB) und der Voraus des Ehegatten bei der gesetzlichen Erbfolge (§ 1932 BGB);
  - die Verbindlichkeiten aus geltend gemachten Pflichtteilsansprüchen (§§ 2303 ff. BGB);
  - der „Dreißigste" für Familienangehörige des Hausstands (§ 1969 BGB);

– der Unterhaltsanspruch der werdenden Mutter eines Erben (§ 1963 BGB) und
– die Kosten der standesgemäßen Bestattung des Erblassers (§ 1968 BGB).

• **Erblasserschulden** (= vererbte Schulden): Das sind die beim Erbfall noch bestehenden Schulden des Erblassers aus Vertrag, unerlaubter Handlung oder aus anderen Rechtsgründen.

Darlehensverbindlichkeiten, Steuerschulden etc.

• **Nachlasserbenschulden**: Das sind die den oder die Erben als solche(n) treffenden Verbindlichkeiten, die erst nach dem Erbfall, vor allem aus der Verwaltung und Abwicklung des Nachlasses, entstehen.

Kosten des Erbnachweises, der Erbteilung, etwaiger Gebäudeerhaltung etc.

Die Erben haben verschiedene Möglichkeiten, ihre Haftung durch besondere Maßnahmen auf den Nachlass zu beschränken, wenn eine Nachlassverwaltung angeordnet oder das Nachlassinsolvenzverfahren eröffnet ist. Zur Abwehr der Erbenhaftung siehe S. 100 ff.

2 Das Testament

Individuelle Gestaltung der Erb- und Nachfolge

Die gesetzliche Erbfolge gibt eine nur pauschale Regelung, die alleine auf die Verwandtschaft abstellt, aber nicht auf die individuellen Wünsche des Erblassers und die individuelle Situation seiner potenziellen Erben. Die gesetzliche Regelung passt deshalb regelmäßig nicht für den konkreten Erbfall.

Folglich wird ein verantwortungsbewusster potenzieller Erblasser über eine für seine Situation speziell passende letztwillige Verfügung (Testament oder Erbvertrag) nachdenken und sich darüber mit einem Experten beraten, der den Ideen des Erblassers die rechtlich korrekte Fassung verleiht. Zudem wird er dafür Sorge tragen, dass die Verfügungen steuerlich optimiert sind (vgl. Kapitel 7).

Jeder sollte ein Testament verfassen

... und sich aktiv mit dem Thema beschäftigen. Das riesige Vermögen der Aufbau- und Nachkriegsgeneration steht zur Übertragung an. Die Statistiker haben eine Zahl von gegenwärtig rund 900.000 Erbfällen pro Jahr ermittelt. Diese Zahl soll bis zum Jahr 2040 auf 1,25 Mio. Erbfälle pro Jahr steigen.

Ist ein Familienvermögen – in der Regel über mehrere Generationen – einmal geschaffen worden, so ist es zu bewahren und möglichst zu mehren. Aber: In 77 % der Fälle gibt es aktuell gar kein Testament, in 20 % ein rechtlich und/oder steuerlich mangelhaftes Testament. Nur in 3 % der Fälle ist das Testament einwandfrei. (Quelle: Institut für Demoskopie Allensbach, Gesellschaft für Erbrechtskunde)

Jeder potenzielle Erblasser und jeder potenzielle Erbe sollte sich also mit dem Thema beschäftigen.

Selbst wer einmal ein Testament errichtet hat, ist nicht endgültig fertig damit. Die Vermögensnachfolgegestaltung ist ein immer wieder zu überprüfendes Dauerprojekt:

▽ Praxistipp

Einmal pro Jahr – z.B. zu Weihnachten – ist zu überlegen, ob noch alle Punkte der Vermögensnachfolgeplanung privat und im Unternehmen passen oder ob auf Änderungen reagiert werden muss. Unabhängig davon sollte der Erblasser „absehbare" Entwicklungen möglichst voraus denken und in sein Testament einbauen lassen.

Oft ist das Steuerrecht der Ausgangspunkt der Überlegungen eines Erblassers. Trotz der hohen Steuerlast sollte aber der Grundsatz lauten: In Steuern denken, aber nicht wegen Steuern schenken oder letztwillig verfügen (vgl. Kapitel 7).

Ein Testament zu errichten, bedeutet, sich mit der Vermögensnachfolgeplanung zu beschäftigen. Was genau bedeutet Vermögensnachfolgeplanung? Neudeutsch heißt es „estate planning" und meint die ganzheitliche Betrachtung des Vermögens und der Nachfolge, die zu einem Gesamtplan führt.

Grundsatzfragen zur letztwilligen Verfügung

Ausgangspunkt für jede letztwillige Verfügung ist der individuelle Sachverhalt des Erblassers. Der erforderliche Beratungsaufwand für eine Nachfolgegestaltung kann im Einzelfall allein aufgrund der zahllosen Variationsmöglichkeiten ganz erheblich sein, aber er lohnt sich und gibt dem Erblasser Sicherheit.

Typischerweise stellen sich, wenn ein Erblasser über seinen letzten Willen nachdenkt, vor allem folgende Fragen:

- **Wie wird das Vermögen „gerecht" verteilt? Wer soll in welche Vermögenswerte wie nachfolgen?**
  Gerechtigkeit bei der Nachfolge ist ein sehr großes Thema. Einen allgemein gültigen Maßstab gibt es nicht. Kinder und sonstige potenzielle Erben sind individuell zu behandeln, denken Sie an das Gleichnis vom verlorenen Sohn. Zudem entwickeln sich Situationen und Beziehungen unvorhergesehen – positiv wie negativ.
  Was gerecht ist, bestimmen wir Menschen, wenn wir ehrlich sind, letztlich subjektiv. Die Erben haben da nicht selten eine andere Sicht als der Erblasser. Verschiedene Vermögensgattungen sind gegebenenfalls unterschiedlich zu bewerten.

  Ist leicht transferierbares Barvermögen anders zu bewerten als unternehmerisches Vermögen, mit dem eine große Verantwortung, aber auch gegebenenfalls eine größere Chance verbunden ist?

  Oft nicht bedacht wird, dass in der nächsten Generation nicht nur die eigenen Abkömmlinge selbst betroffen sind, sondern zumindest mittelbar auch deren Ehepartner, die dann auch miterben und mitreden.
  Ein „passendes" Testament erfordert deshalb generell nicht nur eine optimal auf den spezifischen Einzelfall bezogene rechtliche und steuerrechtliche Ge-

staltung, sondern vor allem auch die Beachtung einer Vielzahl persönlicher und psychologischer Aspekte.

Das persönliche Umfeld

Bei der Vorbereitung und Durchführung der Nachfolge ist das persönliche Umfeld in der Familie genau zu betrachten. In zahlreichen Fällen geht z.B. die Unternehmensnachfolge nicht aus rechtlichen und/oder steuerlichen Gründen schief, sondern aus psychologischen und persönlichen Gründen:

◆ Sei es beispielsweise, dass der Nachfolger im Grunde genommen für die ihm zugedachte Aufgabe nicht geeignet ist oder sie eigentlich gar nicht übernehmen will.

◆ Sei es, dass der Unternehmer seinem Nachfolger nicht den erforderlichen Freiraum zur Bewährung gibt oder dass das berühmte „Kommunikationsproblem" zwischen Senior und Junior besteht.

◆ Sei es, dass sich die nachfolgenden Familienmitglieder zerstreiten, oder sei es, dass es zu Streitigkeiten mit den nicht in bestimmte Vermögenswerte (Unternehmensbeteiligungen) nachfolgenden Familienmitgliedern und/oder deren Ehegatten kommt.

Rechtstechnisch gibt es wohl die (fast) perfekte Nachfolgegestaltung. Das Risiko liegt regelmäßig mehr im persönlichen Bereich. Jede Nachfolgeplanung ist pauschal betrachtet zu 80 % „Personalpolitik" und (nur) zu 20 % rechtliche (sowie steuerrechtliche) Reglementierung der getroffenen Nachfolgeentscheidung.

• **Wie wird das Vermögen möglichst langfristig in seinem Bestand gesichert?**
Da die Vermögen der Aufbau- und Nachkriegsgeneration, die aktuell zur Vererbung anstehen, beträchtlich sind, ist die Zahl größerer Vermögen gegenüber früheren Generationen erheblich gestiegen, sodass breite Kreise der Bevölkerung von der Frage nach der Vermögenssicherung betroffen sind. Man

denke nur an die vielen Immobilien im privaten Besitz. Häuser oder Eigentumswohnungen im Privatbesitz sind heute keine Besonderheit mehr. Ganz wichtig ist die Frage nach der Vermögenssicherung auch bei der Übertragung von Unternehmen und Unternehmensbeteiligungen. Generell kommt es darauf an, die Vermögenswerte auf solche Erben zu übertragen, die das Vermögen, insbesondere im Fall von Immobilien und Unternehmensbeteiligungen, auch wirklich übernehmen und sich darum kümmern wollen, sodass eine Zersplitterung des Vermögens möglichst vermieden wird und es so für die Folgegenerationen erhalten bleibt. Die Höfeordnung (vgl. Kapitel 1) gibt uns ein gutes Beispiel dafür.

- **Wie wird der eigene Lebensabend und der des Ehepartners sinnvollerweise abgesichert?**
  Was sollte bis zum Tode behalten werden? Wie wird der Lebensstandard des überlebenden Ehegatten gesichert?

- **Soll der Erblasser in einem Einzeltestament verfügen oder gemeinschaftlich mit seinem Ehegatten oder in einem Erbvertrag?**
  Ein **Einzeltestament** belässt dem Erblasser seine freie Verfügungsmacht. Er kann sein Testament ändern, ohne dass andere das erfahren. Eheleute fragen sich oft, ob sie gegenseitig bindend **gemeinsam verfügen** sollen. Ob ein gemeinschaftliches Testament (vgl. Kapitel 2) sinnvoll ist, kann nicht generell beantwortet werden. Entscheidend sind dabei nicht nur die konkreten Vermögensverhältnisse im Einzelfall, sondern auch die persönlichen Verhältnisse der Eheleute. Ein Erbvertrag (vgl. Kapitel 2) gibt den Erben besondere Sicherheit.

Checkliste: Überlegungen des Erblassers

◆ Das Wichtigste ist die vollständige Sachverhaltserfassung:
  ▸ Personen
  ▸ Familienstammbaum
  ▸ potenzielle Erben und Ersatzerben
  ▸ individuelle Punkte zu den potenziellen Erben
  ▸ potenzielle Vermächtnisnehmer
  ▸ individuelle Punkte zu den potenziellen Vermächtnisnehmern
  ▸ Güterstand
  ▸ Ist-Vermögen (privat/Unternehmen)
  ▸ Vermögensplanung
  ▸ Testierfähigkeit
  ▸ Gibt es frühere letztwillige Verfügungen? Sollen sie bestehen bleiben oder aufgehoben werden?
◆ Pflichtteils- und Pflichtteilsergänzungsansprüche vermeiden oder in die Überlegungen mit einbeziehen („Rücklage")?
◆ Bisherige erbrechtliche Verfügungen in Teilen aufrechterhalten oder aufheben? Besteht eine Bindung durch Erbvertrag oder gemeinschaftliches Testament?
◆ Erben und Ersatzerben: Wer, wie? Vor- und Nacherbschaft?
◆ Vermächtnisse: Was an wen?
◆ Vorweggenommene Erbfolge: Sinnvolle Steuerung der Nachfolge und Vermögensübergabe in Schritten. Schenkungsteuervorteile ggf. mehrfach nutzen.
  ▸ „Eigenbedarf"
  ▸ Altersversorgung
◆ Testamentsvollstreckung zur Durchsetzung des letzten Willens und zur Unterstützung der Nachfolger?
◆ Anordnungen, Auflagen und Bedingungen, Appelle und/oder Wünsche für/an die Nachfolger?
◆ Letztwillige Schiedsklausel: Streit vermeiden oder jedenfalls sinnvoll strukturiert führen.
◆ Privatschriftliches oder notarielles Testament?
  ▸ Einzeltestament
  ▸ gemeinschaftliches Testament
  ▸ Erbvertrag
◆ Wird amtliche Verwahrung gewünscht?

Letztlich wird der künftige Erblasser gemeinsam mit seinem erbrechtlichen Berater – jedenfalls bei einer größeren Erbmasse – einen Gesamtnachfolgeplan ausarbeiten müssen, der sich aus Elementen der vorweggenommenen und der letztwilligen Erbfolge zusammensetzt.

Immobilienrechtliche, gesellschaftsrechtliche, güterstandsrechtliche, erbrechtliche, schenkungsrechtliche und vor allem zwischenmenschliche Aspekte sind, wie oben angesprochen, zu koordinieren.

Wie verfasst man ein Testament?

Handschriftliche Erklärung oder Testament in notarieller Form

Sein Testament kann ein Erblasser nach deutschem Recht nur persönlich errichten (§§ 2064 f. BGB), und zwar

- durch eine eigenhändig geschriebene Erklärung oder
- in notarieller Form.

> Ein Testament kann nur errichten, wer testierfähig ist (§ 2229 BGB).

Testierfähig ist grundsätzlich jeder, der geschäftsfähig ist. Testierunfähig sind Personen, die wegen krankhafter Störung der Geistestätigkeit, wegen Geistesschwäche oder Bewusstseinsstörung nicht in der Lage sind, zu erkennen, dass sie ein Testament errichten und welchen Inhalt die darin enthaltenen letztwilligen Verfügungen aufweisen.

Die Wirksamkeit eines gemeinschaftlichen Testaments setzt die Testierfähigkeit beider Ehegatten voraus. Ist einer der Ehegatten testierunfähig, entfällt die Bin-

dungswirkung (§ 2270 BGB). Die ggf. noch verbleiben-
den Rechtsfolgen der Verfügungen des anderen Ehegatten sind durch Auslegung (vgl. Kapitel 2) zu ermitteln.

Bestimmte Personen sind beschränkt testierfähig:

- Minderjährige können ein Testament errichten,
  wenn sie das 16. Lebensjahr vollendet haben.
  Dazu ist die Zustimmung des gesetzlichen Vertre-
  ters nicht erforderlich. Ein minderjähriger
  Erblasser kann nach Vollendung des 16. Lebens-
  jahres ein Testament nur durch Erklärung gegenüber dem Notar oder durch Übergabe einer
  offenen Schrift an den Notar errichten (§§ 2233,
  2231 BGB, öffentliches Testament).
- Ist der Erblasser nach eigenen Angaben oder nach
  der Überzeugung des Notars leseunkundig, so
  kann er das Testament nur durch Erklärung
  gegenüber dem Notar errichten (§ 2233 Abs. 2
  BGB).

Heimbewohner

Eine letztwillige Verfügung eines Heimbewohners zugunsten eines
Heimmitarbeiters oder Heimträgers ist, um Missbräuche zu
verhindern, unwirksam (§ 14 HeimG). Auf ein Betreuungsverhältnis
ist diese Schutzvorschrift nach der Rechtsprechung (leider) nicht
entsprechend anwendbar (BayObLG ZEV 1998, 232). Ähnliche
Schutzvorschriften gelten aber bei Beamten, Dienstverpflichteten
und Angestellten des öffentlichen Dienstes.

Das Gesetz geht grundsätzlich von der Testierfähigkeit aus. Ein Erblasser ist aus Sicht der Justiz so lange
als testierfähig anzusehen, wie nicht die Testierunfähigkeit für den Zeitpunkt der Errichtung der letztwilligen Verfügung zur vollen Überzeugung des Gerichts
– etwa in dem Verfahren über die Erteilung des Erbscheins (vgl. Kapitel 6) – feststeht.

Das Gericht hat im Erbscheinverfahren eine Amtsermittlungspflicht, deren Umfang sich nach den Umständen des Einzelfalles richtet. Faktisch hat aber wegen der Vermutung der bestehenden Testierfähigkeit auch hier, wie in einem streitigen Gerichtsverfahren unter (potenziellen) Erben, derjenige die Darlegungs- und Beweislast, der sich auf die (angebliche) Testierunfähigkeit beruft. Im Zweifelsfall ist ein psychiatrisches Sachverständigengutachten über die Testierfähigkeit einzuholen.

> Die Hürden, um ein Testament wegen Testierunfähigkeit zu kippen, liegen demnach in der Praxis sehr hoch.

Von der fehlenden Testierfähigkeit ist die mangelnde Testierfreiheit zu unterscheiden, die sich aus einem bindenden gemeinschaftlichen Testament oder aus einem Erbvertrag ergibt.

Eigenhändiges Testament

Das eigenhändige Testament (§ 2247 BGB) erfordert eine eigenhändig geschriebene und unterschriebene Erklärung (letztwillige Verfügung) des Erblassers. Diesen Formzwang sehen Gesetzgeber und Rechtsprechung und Gesetzgeber sehr streng. Unlesbare Teile können die dort enthaltenen Verfügungen unwirksam machen.

Mit Schreibmaschine oder PC geschriebene, auf Band diktierte oder ähnlich erstellte Testamente sind unwirksam.

Die Eigenhändigkeit schließt eine Schreibhilfe/Schreibunterstützung nicht aus. Der Erblasser muss aber schreibfähig sein. Er selbst muss schreiben. Seine Hand darf nicht völlig unter der Herrschaft und Leitung des Schreibhelfers stehen. Eine Vertretung ist bei der Testamentserrichtung unzulässig.

Der Erblasser soll – d.h., er muss nicht – nach dem Gesetz in der Erklärung angeben, zu welcher Zeit (Tag, Monat und Jahr) und an welchem Ort er sie geschrieben hat. Seine Unterschrift soll den Vornamen und den Familiennamen des Erblassers enthalten.

Der Erblasser kann sein Testament jederzeit durch eine andere letztwillige Verfügung ergänzen, ändern oder widerrufen (§ 2258 BGB).

Ein Testament kann auch dadurch widerrufen werden, dass der Erblasser es absichtlich vernichtet oder die Verfügung ändert (§ 2255 BGB). Ein vor einem Notar – oder als Nottestament vor einem Bürgermeister – errichtetes Testament gilt als widerrufen, wenn die in amtliche Verwahrung genommene Urkunde dem Erblasser zurückgegeben wurde (§ 2256 BGB). Der Erblasser kann die Rückgabe jederzeit verlangen.

Wird der durch Testament erfolgte Widerruf einer letztwilligen Verfügung seinerseits vom Erblasser widerrufen, so ist im Zweifel die ursprüngliche letztwillige Verfügung wirksam, so als wenn sie nicht widerrufen worden wäre (§ 2257 BGB).

Beispiel für ein einfaches, vollständig handschriftlich zu verfassendes Testament:
„Mein letzter Wille
Hiermit setze ich meine Ehefrau K., meine Tochter C. und meinen Freund P. jeweils zu gleichen Teilen als meine Erben ein.
Meine Erstausgabe von Stefan Zweig, Sternstunden der Menschheit, vermache ich meinem Freund S.
Ort, den …
(eigenhändige Unterschrift)"

Das handschriftliche Testament hat den Vorteil, dass es einfach anzupassen ist. Der Erblasser kann plötzliche Änderungen seiner Verhältnisse schnell berücksichtigen. Das birgt zugleich den Nachteil, dass er spontanen Gefühlsregungen vorschnell nachgibt. Das ist kein ganz unwichtiger Punkt, wie das folgende Beispiel zeigt.

Praxisbeispiel: 17 Testamente
Jeden potenziellen Erben, der eine betagte Erblasserin besuchte, ließ sie ein Testament schreiben. Die Folge: Bei ihrem Tod existierten 17 Testamente, die zum Teil parallel bestanden, sich zum Teil widersprachen und recht kompliziert ausgelegt werden mussten. Das führte – kaum verwunderlich – zu großem Streit unter den Erben.

Das notarielle Testament bietet Schutz vor Übereilung. Der Notar ist zudem verpflichtet, den Erblasser zu beraten. Bei einem anwaltlich beratenen, handschriftlichen Testament wird sowohl dem Aspekt der Flexibilität als auch dem Beratungserfordernis Rechnung getragen. Jedes nicht ganz einfache Testament sollte nur mit fachlicher Beratung errichtet werden.

Steuerliche Fragen

Zu steuerlichen Fragen sollte, wenn der Rechtsanwalt steuerrechtlich nicht ausreichend versiert ist, zusätzlich ein Steuerberater eingeschaltet werden. Zu warnen ist davor, einem Steuerberater die erbrechtliche Beratung zu überlassen.
Er kennt sich, wie die Praxis leider immer wieder zeigt, im Erbrecht typischerweise nicht wirklich aus. Idealerweise arbeiten Rechtsanwalt und Steuerberater bei entsprechend umfangreichen und komplizierten Erbgestaltungen für den Erblasser vertrauensvoll zusammen.

Achtung:
Erbfälle mit Auslandsberührung

Bei (internationalen) Erbfällen mit Auslandsberührung (Hauptfälle: Erblasser ist Ausländer und/oder hat Vermögen im Ausland) spielen gegebenenfalls mehrere Rechtsordnungen mit gegebenenfalls unterschiedlichen Rechtsregeln eine Rolle. Insbesondere bei ausländischen Immobilien kommt es oft zur

„Nachlassspaltung", d.h., es gilt grundsätzlich deutsches Recht, aber für die ausländische Immobilie gilt das ausländische Recht.

Bindend: Erbvertrag und gemeinschaftliches Testament

Mitunter ist für die Erb- und Nachfolgegestaltung eine bindende letztwillige Verfügung sinnvoll, um dem Nachfolger Sicherheit zu geben.

> Der Sohn bewohnt und investiert in die Immobilie eines Elternteils; Regelung der Unternehmensnachfolge.

Während der Erblasser Anordnungen in seinem Testament grundsätzlich frei widerrufen kann (siehe aber gemeinschaftliches Testament), kann er in einem Erbvertrag (§§ 2274 ff. BGB) Erbeinsetzungen, Vermächtnisse und Auflagen bindend anordnen (§ 2278 ff. BGB).

Den Willen, dass die entsprechenden Verfügungen vertragsmäßig bindend sein sollen, muss der Erblasser in dem Erbvertrag erkennbar zum Ausdruck gebracht haben. Seine Testierfreiheit ist dann anschließend entsprechend eingeschränkt.

Sind in einem Erbvertrag von beiden Seiten vertragsmäßige Verfügungen getroffen worden, so hat die Nichtigkeit einer dieser Verfügungen die Unwirksamkeit des ganzen Vertrages zur Folge (§ 2298 BGB).

Neben den genannten erbrechtlichen Verfügungen kann im Erbvertrag jeder Vertragspartner auch einseitige, d.h. nicht bindende Verfügungen wie etwa Testamentsvollstreckung, anordnen oder Teilungsanordnungen für den Nachlass treffen (§ 2299 BGB).

Diese einseitigen Verfügungen kann er jederzeit einseitig widerrufen.

Nur volljährige Erblasser können einen Erbvertrag abschließen, und das auch nur höchstpersönlich vor einem Notar (§ 2276 BGB). Der Vertragspartner kann sich bei dem Vertragsschluss vertreten lassen, wenn er nicht auch selbst Verfügungen in dem Erbvertrag trifft, sondern nur bedacht wird.

Einen Erbvertrag und einzelne bindende vertragsmäßige Verfügungen können die Vertragspartner gemeinsam aufheben (§§ 2290 ff. BGB). Nach dem Tod eines Vertragspartners kann eine Aufhebung nicht mehr erfolgen.

Der Erblasser kann sich aber in dem Erbvertrag den Rücktritt von dem Vertrag oder von einzelnen Bestimmungen vorbehalten (§ 2293 BGB). Damit der Vertragspartner informiert ist, erfolgt der Rücktritt gegenüber dem anderen Vertragspartner; der Rücktritt ist notariell zu beurkunden (§ 2296 f. BGB). Der Erblasser darf auch zurücktreten, wenn sich der Vertragspartner eines Verhaltens schuldig gemacht hat, das den Erblasser zur Entziehung des Pflichtteils berechtigen würde (§ 2294 BGB).

Der Erblasser kann den Erbvertrag schließlich wegen Irrtums, Drohung oder Übergehung eines Pflichtteilsberechtigten durch eine von einem Notar beurkundete Erklärung anfechten (§ § 2281 ff. BGB).

▽ Praxistipp

Auch durch einen Erbvertrag wird das Recht des Erblassers, über einzelne Vermögensgegenstände oder über sein Vermögen zu Lebzeiten durch Rechtsgeschäft zu verfügen, grundsätzlich nicht beeinträchtigt. Der Erblasser kann sich aber etwa schuldrechtlich gegenüber seinem Erbvertragspartner verpflichten, über sein Grundstück nicht zu verfügen.

Beeinträchtigende Schenkungen, die der Erblasser in der „Absicht" vorgenommen hat, seinem Vertragserben zu schaden (Benachteiligungsabsicht), kann dieser nach dem Erbfall von dem Beschenkten nach den Vorschriften über die ungerechtfertigte Bereicherung herausverlangen; Entsprechendes gilt für einen Vertragsvermächtnisnehmer (§§ 2287 ff. BGB).

Schenkungsversprechen von Todes wegen

Ein Erblasser kann ähnlich einem Erbvertrag auch zu Lebzeiten ein Schenkungsversprechen abgeben, das unter der Bedingung steht, dass der Beschenkte den Schenker überlebt. Auf eine solche Schenkung auf den Todesfall finden die Vorschriften über Verfügungen von Todes wegen Anwendung (§ 2301 BGB). Solche Schenkungsversprechen beziehen sich typischerweise anders als ein Erbvertrag, der im Regelfall die gesamte Erbmasse betrifft, nur auf einzelne Gegenstände. Vollzieht der Schenker das Versprechen vor seinem Tode, gelten die ganz normalen Vorschriften für eine Schenkung.

Ein gemeinschaftliches Testament (§§ 2265 ff. BGB) können – anders als einen Erbvertrag – nur Ehegatten und eingetragene Lebenspartner errichten.

Letztwillige Anordnungen, die ein Ehegatte mit Rücksicht auf die Anordnungen des anderen Ehegatten verfügt („wechselbezügliche Verfügungen"), binden in einem solchen Testament gegenseitig.

▽ Praxistipp

Es reicht aus, wenn ein Ehegatte das gemeinschaftliche Testament eigenhändig handschriftlich verfasst und der andere Ehegatte mit unterzeichnet (§ 2267 BGB). Zu empfehlen ist folgende eigenhändige handschriftliche Formulierung des anderen Ehegatten:
„Dieses Testament ist auch mein Testament
(Ort, Datum, Unterschrift)"

Achtung: Nottestamente

Für Not- und Sonderfälle kennt das Gesetz besondere, nicht eigenhändige oder notarielle Testamentsformen:

◆ Nottestament vor dem Bürgermeister (§ 2249 BGB)

◆ Nottestament durch mündliche Erklärung vor drei Zeugen (§ 2250 BGB, auf See: § 2251 BGB)

◆ Ehegatten können ein gemeinschaftliches Testament ebenfalls in der Form eines Nottestamentes errichten (§ 2266 BGB).

Überlebt der Erblasser die Errichtung eines Nottestamentes um drei Monate, so gilt das Nottestament als nicht errichtet (Einzelheiten: § 2252 BGB).

Vorsicht: Pflichtteilsrecht

Pflichtteilsberechtigte und Pflichtteilsansprüche

Will der Erblasser seinen Erben die Auseinandersetzung mit Pflichtteilsberechtigten und die sich daraus ergebenden erheblichen wirtschaftlichen Probleme, die vor allem bei Unternehmensbeteiligungen und bei Immobilien sehr groß sein können, ersparen, ist er gut beraten, sich mit der möglichen Vermeidung der Pflichtteilsansprüche (Pflichtteilsanspruch und Pflichtteilsergänzungsanspruch) zu befassen.

Der Pflichtteil besteht in der Hälfte des Wertes des gesetzlichen Erbteils (§ 2303 BGB). Dadurch wird die Testierfreiheit des Erblassers erheblich eingeschränkt.

Die zunehmende Kritik aus Wissenschaft und Praxis an dem Pflichtteilsrecht führte zur Reform des Erbschaftsrechts.

Am 02.07.2009 wurde vom Bundestag die Reform des Erb- und des Verjährungsrechts verabschiedet. Die Änderungen sind seit dem 01.01.2010 in Kraft.

Kosten für Notar und Rechtsanwalt

Die jeweiligen Beträge der nachfolgenden beispielhaften gesetzlichen Gebühren verstehen sich zuzüglich MwSt. und gelten für ein einseitiges Testament:

Notar (Kostenordnung)	
Wert des Nachlasses (Euro)	Gebühren (Euro)
50.000	132
100.000	207
200.000	357
500.000	807
1.000.000	1.557
2.000.000	3.057
5.000.000	7.557

Rechtsanwalt (Rechtsanwaltvergütungsordnung)		
Wert des Nachlasses (Euro)	Gebühren (Euro)	
	Minimum	Standard
50.000	523	1.360
100.000	677	1.761
200.000	908	2.361
500.000	1.498	3.895
1.000.000	2.248	5.845
2.000.000	3.748	9.745
5.000.000	8.248	21.445

Typischerweise rechnen Rechtsanwälte anders als Notare, die das nicht dürfen, bei höheren Gegenstandswerten nicht nach dem Gesetz, sondern nach Zeitaufwand ab. Die Stundensätze beginnen etwa bei 150–200 Euro (zuzüglich MwSt.). Sie richten sich wie die gesetzliche Vergütung vor allem nach der Schwierigkeit des Falles und nach dem Wert der Angelegenheit, aber auch nach der Kompetenz des Bearbeiters, denn wer Fachmann ist, arbeitet schneller. So sind etwa für Unternehmertestamente durchaus auch Stundensätze von 500 Euro möglich.

Pflichtteilsberechtigt sind Abkömmlinge, Eltern und der Ehegatte des Erblassers (§ 2303 BGB), sowie der eingetragene Lebenspartner (vgl. Kapitel 1). Sie können von den Erben als Pflichtteil aktuell die Hälfte des Wertes (!) des gesetzlichen Erbteils (vgl. Kapitel 1) verlangen.

Entferntere Abkömmlinge und Eltern haben nur dann einen Pflichtteilsanspruch, wenn sie bei Eintritt der gesetzlichen Erbfolge tatsächlich Erben geworden wären (§ 2309 BGB).

Das Pflichtteilsrecht der Abkömmlinge verdrängt das der Eltern des Erblassers und nähere Abkömmlinge verdrängen entferntere Abkömmlinge. Der Ehepartner ist immer pflichtteilsberechtigt.

Um einen Pflichtteilsanspruch zu haben, muss der Pflichtteilsberechtigte durch Verfügung von Todes wegen ausdrücklich oder durch Übergehen von der Erbfolge ausgeschlossen sein. Es reicht, dass der Erblasser ihn einfach nicht bedacht hat oder dass er etwa ein Testament mit dem alleinigen Inhalt verfasst hat, dass er sein Kind X von der Erbfolge ausschließt (§ 1938 BGB).

Außerdem hat der Pflichtteilsberechtigte einen Pflichtteilsanspruch in folgenden Fällen:
- Der Erblasser hat ihn ausdrücklich auf den Pflichtteil gesetzt (§ 2304 BGB).
- Der Erblasser hat ihn zwar bedacht, der Wert des Erbteils ist aber geringer als die Hälfte des gesetzlichen Erbteils (Zusatzpflichtteil, §§ 2305, 2306 BGB).
- Der Erblasser hat ihm ein Erbe zugewendet, das zwar größer ist als seine Pflichtteilsquote, das aber mit Beschränkungen und Beschwerungen belastet

wurde (Testamentsvollstreckung, Teilungsanordnung), sodass er diesen Erbteil ausschlägt (§ 2306 BGB).

- Achtung: Vor dem Inkrafttreten der Erbreform galt: Schlägt der Betroffene generell die Erbschaft aus (§ 1953 BGB), hat er keinen Pflichtteilsanspruch. Nach Inkrafttreten der Erbreform gilt: Der Betroffene, der sich durch die Beschränkungen zu sehr eingeschränkt fühlt, kann das Erbe ausschlagen und den Pflichtteil verlangen (§ 2306 BGB).
- Der Erblasser hat ihm nur ein zu geringes Vermächtnis zugedacht oder der Vermächtnisnehmer schlägt das Vermächtnis aus (§ 2307 BGB).

Der Anspruch auf den Pflichtteil entsteht mit dem Erbfall (§ 2317 BGB).

> Er ist vererbbar und formlos übertragbar.

Er verjährt innerhalb von drei Jahren (§§ 195, 199 BGB). Die dreijährige Regelverjährungsfrist (§§ 195, 199 BGB) des dem Pflichtteilsberechtigten nach § 2329 BGB gegen den Beschenken zustehenden Anspruchs beginnt mit dem Erbfall (§ 2332 BGB).

Der Anspruch zielt nur auf (Bar-)Geld ab. Die gesetzlichen Voraussetzungen für eine theoretisch zwar mögliche Stundung waren vor der Erbreform so streng, dass der Erbe quasi sofort Liquidität beschaffen muss, wenn er sich mit dem Pflichtteilsberechtigten nicht einigt.

Seit dem 01.01.2010 gelten erleichterte Voraussetzungen für eine Stundung. So kann der Erbe Stundung des Pflichtteils verlangen, wenn die Erfüllung des gesamten Anspruchs für den Erben eine „unbillige Härte" darstellt (§ 2331a BGB).

Der Pflichtteilsanspruch entfällt in folgenden Fällen:

- Der Pflichtteilsanspruch verjährt regelmäßig in drei Jahren (§§ 195,199 BGB), Ausnahme: Ansprüche, die auf einem Erbfall beruhen oder deren Geltendmachung die Kenntnis einer Verfügung von Todes wegen voraussetzt, verjähren ohne Rücksicht auf die Kenntnis oder grob fahrlässige Unkenntnis in 30 Jahren von der Entstehung des Anspruchs an (§ 199 Abs. 3a BGB).
- Für den Ehegatten, wenn ein Scheidungsprozess anhängig ist.
- Der Pflichtteilsberechtigte wurde für erbunwürdig erklärt (§ 2344 BGB, vgl. Kapitel 1).
- Der Pflichtteilsberechtigte hat auf sein gesetzliches Erb- und/oder Pflichtteilsrecht durch notarielle Urkunde (§ 2348 BGB) verzichtet (§ 2346 BGB).
- Der Pflichtteil wurde begründet und formgerecht entzogen (§§ 2333 ff. BGB).

Die bis zum 01.01.2010 bestehenden gesetzlichen Regelungen zum Pflichtteilsentzug wurden vom Gesetzgeber nicht mehr zeitgemäß erachtet. Seit dem 01.01.2010 ist der Pflichtteilsentzug grundsätzlich nur bei schwerem Fehlverhalten des Pflichtteilsberechtigten gegenüber dem Erblasser und ihm nahestehenden Personen sowie bei allgemein schwerem sozialwidrigen Fehlverhalten möglich.

Der Pflichtteilsanspruch kann einem Abkömmling insbesondere entzogen werden (§ 2333 BGB):

- wenn er dem Erblasser, dem Ehegatten des Erblassers einem anderen Abkömmling oder einer dem Erblasser ähnlich nahestehenden Person (z.B. nichtehelichen Lebenspartner, Stief- oder Pflegekinder) nach dem Leben trachtet,

- wenn er sich eines Verbrechens oder eines schweren vorsätzlichen Vergehens gegen eine der oben genannten Personen schuldig gemacht hat,
- wenn er die ihm dem Erblasser gegenüber gesetzlich obliegende Unterhaltspflicht böswillig verletzt hat,
- wenn er wegen einer vorsätzlichen Straftat zu einer Freiheitsstrafe von mindestens einem Jahr ohne Bewährung rechtskräftig verurteilt wird und die Teilhabe des Abkömmlings am Nachlass deshalb für den Erblasser unzumutbar ist. Gleiches gilt, wenn die Unterbringung des Abkömmlings in einem psychiatrischen Krankenhaus oder in einer Entziehungsanstalt wegen einer ähnlich schwerwiegenden vorsätzlichen Tat rechtskräftig angeordnet wird.

Entsprechendes gilt für die Entziehung des Eltern- oder Ehegattenpflichtteils.

▽ Praxistipp

Eine einmalige Entgleisung reicht grundsätzlich nicht aus. Voraussetzung ist immer, dass der Pflichtteilsberechtigte bei den angesprochenen Taten schuldhaft und rechtswidrig gehandelt hat und auch zurechnungsfähig war.

Durch Verzeihung (§ 2337 BGB), die unwiderruflich ist, erlischt das Recht auf „Enterbung". Es genügt, wenn sie aus dem späteren Verhalten des Erblassers geschlossen werden kann. Nach einer Verzeihung steht es dem Erblasser aber wie sonst frei, den Betreffenden in seinem letzten Willen nicht zu berücksichtigen.

Die Pflichtteilsentziehung erfolgt durch letztwillige Verfügung (§ 2336 Abs. 1 BGB), wobei der Entziehungsgrund zur Zeit der Errichtung der letztwilligen Verfügung bestehen muss (§ 2336 Abs. 2 BGB).

Für den Entziehungsgrund „vorsätzliche Straftat" heißt das, dass zur Zeit der Errichtung der letztwilligen Verfügung die Tat begangen sein muss und der Grund für die Unzumutbarkeit vorliegen muss. Beides muss der Erblasser in seiner letztwilligen Verfügung angeben.

Die Erblasserin führt in ihrem Testament wörtlich aus: „Mein Mann bekommt nichts." Sie begründet das sodann damit, ihr Mann habe ihr „in 28 Ehejahren niemals Haushaltsgeld gegeben", habe sie verprügelt (nachweislich mindestens fünfmal) und habe die Wohnungseinrichtung mehrmals zerstört.

Pflichtteilsbeschränkung in guter Absicht

Eine Pflichtteilsbeschränkung in guter Absicht (§ 2338 BGB), durch die persönliche Gläubiger des verschwenderischen oder hoch verschuldeten Pflichtteilsberechtigten von dem Zugriff auf das Vermögen ausgeschlossen werden, ist nur gegenüber Abkömmlingen möglich. Sie kann sich auf den Erbteil und/oder Pflichtteil beziehen. Dem Pflichtteilsberechtigten wird in solchen Fällen über eine Testamentsvollstreckung oder die Anordnung einer Vor- und Nacherbschaft ein gewisser Lebensstandard durch den Anspruch auf den nicht pfändbaren jährlichen Reinertrag seines Pflichtteils gesichert.

Der Erblasser kann einen Pflichtteilsanspruch nicht dadurch umgehen oder verkürzen, dass er zu Lebzeiten Schenkungen oder gemischte Schenkungen (mit einer nicht dem Wert entsprechenden Gegenleistung) an andere Personen (auch Erben oder andere Pflichtteilsberechtigte) macht.

Nach dem Gesetz (§ 2325 BGB) hat der Pflichtteilsberechtigte in solchen Fällen einen Pflichtteilsergänzungsanspruch in Geld gegen den/die Erben auf den Betrag, um den sich der Pflichtteil erhöht, wenn der verschenkte Gegenstand dem Nachlass hinzugerechnet wird.

Der Pflichtteil wird (innerhalb der 10-Jahres-Frist) so berechnet, als ob der geschenkte Gegenstand noch zum Nachlass gehören würde.

Das gilt allerdings nur für Schenkungen an einen Dritten, die bis zu 10 Jahre vor dem Tod des Erblassers erfolgt sind. Erfolgte die Schenkung an einen Ehegatten, so beginnt die 10-Jahres-Frist nicht vor Auflösung der Ehe.

Bei verbrauchbaren Sachen ist der tatsächliche Wert zum Zeitpunkt der Schenkung anzusetzen, ansonsten ist der Wert zur Zeit des Erbfalls anzusetzen, es sei denn, der Wert war zur Zeit der Schenkung geringer.

Für den Erben, der vorrangig zur Pflichtteilsergänzung verpflichtet ist ging es bis zur Reform des Erbschaftsrechts bei dieser Frist um alles oder nichts. Der Gesetzgeber hat mit der Reform des Erbrechts für eine Abmilderung dieser „Alles-oder-nichts"-Lösung gesorgt, indem er die Frist zur Berücksichtigung der Schenkung flexibler gestaltet hat. Ab dem 01.01.2010 wird die Schenkung nur noch innerhalb des ersten Jahres vor dem Erbfall vollständig, im zweiten Jahr vor dem Erbfall nur noch zu neun Zehnteln, im dritten Jahr nur noch zu acht Zehnteln usw. berücksichtigt.

Verminderung und Vermeidung von Pflichtteilsansprüchen

Das Gesetz bietet dem (zukünftigen) Erblasser die Möglichkeit (§ 2315 BGB), bei lebzeitigen Schenkungen zu bestimmen, dass diese auf den Pflichtteil des Betreffenden angerechnet werden. Zwar genügt insoweit eine stillschweigende Anrechnungsbestimmung, hiervon ist jedoch abzuraten. Aus Beweisgründen ist eine ausdrückliche schriftliche Anordnung zu empfehlen.

Wann der Erblasser eine Anordnung über die Anrechnung bestimmt, bleibt seit dem 01.01.2010 ihm überlassen. Der Erblasser kann sowohl bei der Zuwendung als auch nachträglich Anordnungen über die Anrechnung treffen. Er kann zudem eine einmal getroffene Anordnung über die Anrechnung wieder ändern. Damit kann der Erblasser veränderte Umstände nach der Zuwendung (z.B. Undank des Bedachten) besser berücksichtigen. Seit dem 01.01.2010 muss der Pflichtteilsberechtigte immer damit rechnen, dass der Erblasser eine anrechnungsfreie Zuwendung nachträglich noch zu einer anrechnungspflichtigen macht.

Die Schenkung wird mit dem Wert angerechnet, den sie zum Zeitpunkt der Schenkung hatte, wobei jedoch ein Inflationsausgleich vorzunehmen ist.

Letztlich bieten nur der notarielle Erbverzicht (§§ 2346 ff. BGB) und der Pflichtteilsverzicht eine sichere Möglichkeit zur Vermeidung unerwünschter Pflichtteils- und Pflichtteilsergänzungsansprüche. Ein Erbverzicht beinhaltet gleichzeitig einen Pflichtteilsverzicht.

Durch den Erbverzicht eines Erbberechtigten erhöhen sich automatisch die gesetzlichen Erbquoten und damit gleichzeitig die Pflichtteile der übrigen Pflichtteilsberechtigten.

▽ **Praxistipp**

Um den Nachteil der Erhöhung der Pflichtteilsquote bei einem Erbverzicht zu vermeiden, kann der Erbverzicht auf den Pflichtteil beschränkt werden (§ 2346 Abs. 2 BGB).
Wird so verfahren, hat der Betreffende zwar keinen Anspruch auf einen Pflichtteil, ist aber vollberechtigter Erbe, falls der Erblasser ihn nicht enterbt. Er wird bei der Berechnung der Pflichtteilsquote der übrigen Pflichtteilsberechtigten mitgezählt, eine Erhöhung der Pflichtteilsquoten tritt folglich nicht ein.

Erb- und Pflichtteilsverzichtsverträge bedürfen zu ihrer Wirksamkeit der notariellen Beurkundung (§ 2348 BGB). Sie können nur von allen Vertragsparteien gemeinsam rückgängig gemacht werden.

Verzichtet ein Abkömmling oder ein Seitenverwandter des Erblassers auf sein gesetzliches Erbrecht, so erstreckt sich die Wirkung des Verzichts auf seine Abkömmlinge, soweit in dem Vertrag nicht ausdrücklich etwas anderes bestimmt worden ist (§ 2349 BGB).

Es besteht auch die Möglichkeit, den Pflichtteilsverzicht nur auf bestimmte lebzeitige Übertragungen, wie etwa die Übertragung von Anteilen an dem Familienunternehmen, zu erstrecken. Ein solcher gegenständlich beschränkter Pflichtteilsverzicht lässt sich in der Praxis regelmäßig leichter erreichen als ein umfänglicher Erb- oder Pflichtteilsverzicht. Letztere werden in der Regel nur gegen Zahlung entsprechender Abfindungen oder gegen ausgleichende Schenkungen zu erreichen sein.

Bei Minderjährigen ist im Übrigen eine vormundschaftsgerichtliche Genehmigung für einen Erb- oder Pflichtteilsverzichtsvertrag erforderlich (§ 1822 BGB Ziff. 1 und 2 BGB).

Achtung: Bessere Honorierung von Pflegeleistungen beim Erbausgleich

Neben der Modernisierung der Pflichtteilsentziehungsgründe hat der Gesetzgeber bei der Reform des Erbrechts auch für eine bessere Honorierung von Pflegleistungen beim Erbausgleich gesorgt.

Nach der vor der Gesetzesänderung geltenden Gesetzeslage ging ein pflegender Angehöriger leer aus, sofern der Erblasser nicht im Testament eine Ausgleichsregelung vorgesehen hat. Erbrechtliche Ausgleichsansprüche gab es nur für einen Abkömmling der den Erblasser über längere Zeit gepflegt hat und dafür auf sein berufliches Einkommen verzichtet hat. Seit dem 01.01.2010 erhält jeder gesetzliche Erbe einen Ausgleich für Pflegeleistungen, unabhängig ob er auf sein berufliches Einkommen verzichtet hat oder nicht.

Die Höhe des Ausgleichsbetrages richtet sich nach den Leistungen der gesetzlichen Pflegeversicherung (§ 36 Abs. 3 SGB XI).

„Berliner Testament" – Ja oder nein?

Das so genannte Berliner Testament ist in Deutschland vor allem bei Ehegatten mit Kindern sehr beliebt und weit verbreitet. Bei einem solchen Testament setzen sich die Ehegatten gegenseitig zu Erben des Erstversterbenden ein – anschließend sollen die Abkömmlinge erben.

Was auf den ersten Blick dem Gerechtigkeitsdenken vieler Menschen entspricht, ist aber leider nach der Rechts- und Steuerlage nur sehr selten sinnvoll. Und zwar aus folgenden Gründen:

◆ Das Berliner Testament vermeidet zwar durchaus positiv eine Erbengemeinschaft zwischen dem überlebenden Ehegatten und den Kindern – das ist vor allem bei minderjährigen Kindern sinnvoll. Sind die Kinder jedoch älter geworden, wird das Testament leider kaum einmal angepasst.

- Ein Berliner Testament ist grundsätzlich eine zu pauschale Lösung, die weder die Bedürftigkeit der einzelnen Familienmitglieder berücksichtigt noch auf besondere Leistungen (z.B. Pflege der Eltern) eingeht.
- Nachteilig an einer Vermögensnachfolgegestaltung, die sich auf ein Berliner Testament beschränkt, ist vor allem, dass es die Pflichtteilsansprüche und Pflichtteilsergänzungsansprüche der Kinder nicht beachtet, die von dem Erben in Geld (Liquidität!) zu leisten sind. In der Praxis versucht man oft, das Problem durch so genannte „Bestrafungsklauseln" zu lösen. Danach erhalten die Kinder, die nach dem Tod des ersten Elternteils ihr Pflichtteil gegenüber dem erbenden Elternteil geltend machen, nach dem Tode des zweiten Elternteils ebenfalls nur den Pflichtteil und nicht ihren vollen Erbteil. Es liegt auf der Hand, dass bei einer solchen Lösung Streit vorprogrammiert ist, weil sich die Kinder leicht ungerecht behandelt fühlen.
- Steuerlich werden die verschiedenen Erbschaftsteuerfreibeträge für Eltern und eben die Kinder (vgl. Kapitel 7) bei einem Berliner Testament nicht ausgenutzt, d.h., es wird bares Geld verschenkt.

Inhalt eines Testaments

Der Hauptpunkt des Testaments ist naturgemäß die Einsetzung des oder der Erben. Es gilt der Grundsatz der höchstpersönlichen Errichtung (§ 2064 ff. BGB).

Der Erblasser kann die Bestimmung eines Erben nicht einem Dritten überlassen. Er kann auch nicht bestimmen, dass ein Dritter festlegen kann, ob die letztwillige Verfügung gelten soll oder nicht.

▽ Praxistipp

Nach der Rechtsprechung ist es zulässig, dass der Erblasser einen eng bestimmten Personenkreis letztwillig festlegt, aus dem dann ein Dritter (Beispiele: Testamentsvollstrecker, Unternehmensbeirat bei der Unternehmensnachfolge), dem allerdings kein eigener

Ermessensspielraum bleiben darf, den Erben nach klaren **sachlichen Kriterien** (z.B. bestimmter Ausbildungserfolg bis zu einem bestimmten Termin) auszuwählen hat.
Entgegen der bis dahin von Juristen vertretenen Ansicht hat das OLG Frankfurt/M. (ZEV 2001, 316) eine Klausel für unwirksam erklärt, mit der der Erblasser die Person als Erbe eingesetzt hat, die ein anderer zu seinem eigenen Erben eingesetzt hat.

Der Erblasser darf die Auswahl der Person des Testamentsvollstreckers einem Dritten zuweisen.

Präsident des örtlichen OLG oder Testamentsvollstrecker bestimmt seinen Nachfolger.

Bei einem Vermächtnisnehmer gilt der Grundsatz der höchstpersönlichen Einsetzung ebenfalls nicht. Die Bestimmung des Vermächtnisnehmers darf der Erblasser einem Dritten überlassen (§ 2151 BGB).

▽ **Praxistipp**

Weiß der Erblasser – aus welchen Gründen auch immer – noch nicht, wer der Nachfolger in seinem Unternehmen sein soll, verfügt er demnach über die Unternehmensbeteiligung ggf. per Vermächtnis und weist z.B. dem Unternehmensbeirat die Bestimmung seines Nachfolgers in der Beteiligung zu.

Letztwillige Verfügungen zugunsten überschuldeter Personen gewinnen zunehmend an Bedeutung:
• Hier kann eine Vor- und Nacherbenfolge (siehe dazu sogleich) sinnvoll sein, bei der der überschuldete Erbe als Vorerbe eingesetzt wird. Eine Zwangsvollstreckung eines Gläubigers des Vorerben in einen Erbschaftsgegenstand ist nämlich im Falle des Eintritts der Nacherbfolge

insoweit unwirksam, als sie das Recht des Nacherben vereiteln oder beeinträchtigen würde (§ 2215 BGB).

- Die Anordnung einer Testamentsvollstreckung kann hier ein weiterer Gestaltungsansatz sein. Gläubiger eines Erben, die nicht zu den Nachlassgläubigern gehören, können sich nicht an die der Verwaltung des Testamentsvollstreckers unterliegenden Nachlassgegenstände halten (§ 2214 BGB).

Ein Vermächtnis (§§ 2147 ff. BGB) bezieht sich auf einen bestimmten Geldbetrag (Fall des Gattungsvermächtnisses, § 2155 BGB) oder auf konkrete Gegenstände, die sich im Nachlass befinden oder die Erben zu beschaffen haben (Verschaffungsvermächtnis, § 2170 BGB).

> „Meinem Freund M, der sich das immer schon gewünscht hat, vermache ich in alter Freundschaft ein brandneues Porsche 911 Cabrio in Serienausstattung, das die Erben ihm nach meinem Tod umgehend zu verschaffen haben."

Der Erblasser kann auch einen Vermächtnisnehmer mit einem Vermächtnis beschweren, d.h. ihm auferlegen, einem Dritten dieses Vermächtnis zukommen zu lassen (§ 2147 BGB). Auch mehrere Erben oder Vermächtnisnehmer können beschwert werden (§ 2148 BGB).

> Ein Erbe kann ebenfalls Vermächtnisnehmer sein (Vorausvermächtnis, § 2150 BGB).

Bei festen Beträgen, die z.B. für ein Geldvermächtnis oder ein Rentenvermächtnis genannt werden, sollte der Erblasser überlegen, ob er eine Wertanpassungsklausel verfügt. Sinnvoll sind oft auch Quotenvermächtnisse.

> „X erhält ein Viertel des Wertes meines Aktiendepots bei der A-Bank zum Todestag."

Ein Wohnungsrecht kann insbesondere als ein dingliches Wohnrecht (§ 1093 BGB) vermacht werden.

Der Erblasser kann ein Vermächtnis auch derart anordnen, dass der Vermächtnisnehmer von mehreren Gegenständen nur den einen oder den anderen erhalten soll (Wahlvermächtnis, § 2155 BGB). Die Auswahl kann er einem Dritten übertragen. Hat er das nicht getan, liegt das Auswahlrecht bei dem, der mit dem Vermächtnis beschwert ist.

Hat der Erblasser mehrere mit einem Vermächtnis so bedacht, dass nur einer von diesen das Vermächtnis erhalten soll, so ist, wenn der Erblasser nichts anderes bestimmt hat, anzunehmen, dass der Beschwerte bestimmen soll, wer das Vermächtnis erhält (§ 2152 BGB).

Die Forderung des Vermächtnisnehmers auf Verschaffung des Vermächtnisses entsteht mit dem Erbfall (§ 2176 BGB). Der Vermächtnisnehmer kann das Vermächtnis ausschlagen, jedoch dann nicht mehr, wenn er es angenommen hat (§ 2180 BGB). Im Zweifel trägt der Vermächtnisnehmer auch die Belastungen, die mit dem vermachten Gegenstand ggf. verbunden sind (§§ 2165 ff. BGB, Beispiel Hypothek).

Ersatzbestimmungen

Eine letztwillige Anordnung soll nicht ins Leere laufen. Der Erblasser sollte deshalb unbedingt über Ersatzbestimmungen für den Fall nachdenken, dass die betreffende Person – aus welchen Gründen auch immer – ausfällt:

- ◆ **Ersatzerbe** (immer angeben); Formulierungsbeispiel
  „Falls einer meiner Erben vor oder nach dem Erbfall wegfällt, bestimme ich dessen Abkömmlinge als Ersatzerbe. Hat er keine Abkömmlinge, so soll hinsichtlich seines Erbteils bei den übrigen Erben Anwachsung eintreten."
  Die Einsetzung als Nacherbe (siehe dazu sogleich) bedeutet im Zweifel auch die Einsetzung als Ersatzerbe; ist zweifelhaft, ob jemand als Ersatzerbe oder als Nacherbe eingesetzt ist, so gilt er als Ersatzerbe (§ 2102 BGB).
- ◆ **Ersatzvermächtnisnehmer:** Prüfen, ob die Benennung sinnvoll ist. Typischerweise wird das nicht der Fall sein. Für den Porsche in dem o.g. Beispiel dürfte ein Ersatzvermächtnisnehmer nicht erforderlich sein.
- ◆ **Ersatztestamentsvollstrecker;** Formulierungsbeispiel:
  „Falls der Testamentsvollstrecker aus welchen Gründen auch immer ausfällt, sein Amt nicht antritt oder niederlegt, bestimmt der Präsident des OLG Köln den Testamentsvollstrecker, der über ausreichende Erfahrung in der Testamentsvollstreckung verfügen muss."

Die Vor- und Nacherbschaft (§§ 2100 ff. BGB) ist zivilrechtlich keine Vollerbschaft.

„Zu meiner Vorerbin für mein gesamtes Vermögen bestimme ich bis zu deren Tod meine Ehefrau X, geb. am …
Der Vorerbschaft unterliegen auch die Gegenstände, die aus den Mitteln der Vorerbschaft erworben werden.
Zu Nacherben bestimme ich meine Neffen M … und N … zu jeweils gleichen Teilen und ersatzweise deren Abkömmlinge nach den Regeln der gesetzlichen Erbfolge."

Sie wird allerdings wie eine Vollerbschaft besteuert, d.h., es fällt Erbschaftsteuer an, als handelte es sich um zwei volle Erbfälle. Diese „Doppelbesteuerung" ist ein gravierender Nachteil des Vor- und Nacherbschaftsmodells.

Ist eine beim Erbfall noch nicht gezeugte Person als Erbe eingesetzt, so ist im Zweifel anzunehmen, dass sie als Nacherbe eingesetzt ist; entspricht das nicht dem Willen des Erblassers, so ist die Erbeinsetzung unwirksam (§ 2101 BGB).

Der Nacherbe wird erst nach dem Vorerben zum Erben. Der Vorerbe hat den Nachlass an den Nacherben herauszugeben. Er ist „nur vorübergehender" Erbe. Der Erblasser kann mehrere Personen gleichzeitig zu Vorerben einsetzen (Vorerbengemeinschaft).

Der Erblasser kann aufgrund seiner Testierfreiheit auch bestimmen, dass innerhalb einer Erbengemeinschaft der eine Erbe Vollerbe ist und der andere Miterbe nur Vorerbe.

Ein Vorerbe hat das ererbte „Vorerbenvermögen", das er später herauszugeben hat, von seinem eigenen Vermögen getrennt zu halten.

Die Vorerbschaft ist nicht nur steuerlich „teuer", sondern auch rechtlich kompliziert. Der Vorerbe unterliegt verschiedenen Beschränkungen in der Nutzung und der Verwaltung des Vorerbenvermögens, damit dieses für den Nacherben möglichst erhalten bleibt.

• So kann er über die dazugehörigen Gegenstände (insbesondere Immobilien) grundsätzlich nicht verfügen (§§ 2112 ff. BGB), wenn dadurch das Recht des Nacherben beeinträchtigt wird. Die sich ergebenden Abgrenzungsprobleme liegen auf der Hand.

Darf z.B. die Stiefmutter, die Vorerbin ist, das im Unterhalt sehr teure und von ihr nicht mehr genutzte Ferienhaus auf der weit entfernten Insel veräußern?
Beantworten lässt sich diese Frage nur im konkreten Einzelfall, und auch da haben dann im Streitfall die Gerichte nach Jahren das letzte Wort.

- Der Vorerbe darf auch keine Schenkungen aus dem Vorerbenvermögen vornehmen, es sei denn, sie erfolgen aufgrund einer sittlichen Pflicht oder aus Anstand.

Unterstützung einer Person, die dem Erblasser sehr nahegestanden hat.

Schwierig wird es etwa, wenn aus Sicht der Nacherben eine Gegenleistung nicht den vollen Wert des veräußerten Nachlassgegenstandes erreicht.

Der Wert ist im Einzelfall nach wirtschaftlichen Gesichtspunkten (Marktwert zum Zeitpunkt der Veräußerung) zu bestimmen. Das Risiko der falschen Bewertung liegt bei dem Vorerben. Im Zweifel wird er deshalb ein stichfestes Wertgutachten erstellen lassen oder die Zustimmung aller Nacherben einholen.

Bei vorstehend geschilderten und ähnlichen Konstellationen sind Konflikte und Streitigkeiten zwischen Vor- und Nacherben zumindest sehr wahrscheinlich. Das sieht auch der Gesetzgeber, der deshalb für Eheleute ausdrücklich eine Auslegungsregelung festgeschrieben hat (§ 2269 BGB), die im Zweifel gegen die Annahme einer Vorerbschaft bei einem gemeinschaftlichen Testament spricht.

Eine ähnliche Regelung enthält das Gesetz für den Ersatzerben: Ist zweifelhaft, ob jemand als Ersatzerbe oder als Nacherbe eingesetzt ist, so gilt er als Ersatzerbe (§ 2102 BGB).

Der Erblasser kann den Vorerben von verschiedenen Beschränkungen der Vorerbenstellung befreien (§ 2136 BGB, „befreiter Vorerbe").

> „Zu meinem Vorerben, der soweit zulässig von den gesetzlichen Beschränkungen eines Vorerben befreit ist, setze ich meinen Mann X ein. Zu meinem Nacherben bestimme ich Herrn Z. Der Nacherbfall tritt mit dem Tod meines Ehemanns ein."

Dem Nacherben stehen zur Sicherung seiner Rechtsposition aus begründetem Anlass Auskunftsrechte zu (§ 2127 BGB). Gegebenenfalls kann er Sicherheitsleistung verlangen (§ 2128 BGB). Im Extremfall kann dem Vorerben die Verwaltung der Vorerbschaft entzogen werden (§ 2129 BGB).

▽ Praxistipp

Über die Vor- und Nacherbschaft kann der Erblasser den Fluss seines Vermögens über mehrere Generationen steuern.
Er kann dadurch eine **stärkere Familienbindung** für seinen Nachlass erreichen und etwa Zeiten überbrücken, in denen die eigentlich angedachten Erben noch minderjährig oder noch zu jung für die **Unternehmensnachfolge** sind.

Die Gläubiger des Vorerben haben keinen Zugriff auf die Substanz des Nachlasses, sondern nur auf die Nutzungen, denn nur diese stehen dem Vorerben zu.

Die Vor- und Nacherbschaft bietet sich auch zur Vermeidung von Pflichtteilsansprüchen im Fall einer zweiten Ehe mit jeweiligen Kindern aus erster Ehe an.

Will der Erblasser nicht, dass die Kinder des Ehegatten an seinem (Familien-)Nachlass teilhaben, setzt er seinen neuen Ehegatten zum Vorerben ein und seine eigenen Kinder zu Nacherben. Den Kindern des zweiten Ehegatten steht dann kein Pflichtteil am Vermögen des Erblassers zu, wenn der überlebende Ehegatte vererbt.

Der Erblasser kann für eine Erbengemeinschaft (vgl. Kapitel 1) Anordnungen zur Auseinandersetzung (Teilungsanordnung) treffen, um z.B. bestimmten Erben konkrete Gegenstände zuzuordnen.

> „Bei der Auseinandersetzung meiner Erben erhält mein Sohn X die Modellautosammlung."

Er kann die Auseinandersetzung auch untersagen (Auseinandersetzungsverbot). Diese Auflage entfaltet jedoch nur schuldrechtliche Wirkung, d.h., ihre Beachtung wird sinnvollerweise durch einen Testamentsvollstrecker überwacht, der grundsätzlich für bis zu 30 Jahre eingesetzt werden kann.

Mit einer Auflage (§ 2192 ff. BGB) kann der Erblasser einen Erben oder einen Vermächtnisnehmer zu einer Leistung verpflichten (§ 1940 BGB), d.h. zu jedem Tun oder Unterlassen zugunsten eines anderen oder zur Verwirklichung eines objektiven Zwecks veranlassen. Anders als bei einem Vermächtnis erhält der Begünstigte keinen Anspruch auf die Leistung.

Die Vollziehung der Auflage wird der Erblasser einem Testamentsvollstrecker übertragen.

> Errichtung einer Stiftung, Bestattung, Grabpflege, Versorgung von Haustieren („Meinem Erben X mache ich zur Auflage, meinen Hund Wolf zu versorgen und zu betreuen, wie ich es bis zu meinem Tode getan habe.")

Die Wirksamkeit eines Rechtsgeschäfts kann von einer aufschiebenden oder einer auflösenden Bedingung (§ 158 BGB) abhängig gemacht werden. Das gilt auch für letztwillige Verfügungen. Das gibt dem Erblasser die Möglichkeit, seine letztwillige Verfügung von einem zukünftigen Verhalten des von ihm Bedachten abhängig zu machen.

Dabei ist jedoch Vorsicht geboten: Erstens sind die Grenzen der guten Sitten einzuhalten. So ist die „Bedingung", eine bestimmte Person zu heiraten oder auch nicht zu heiraten, grundsätzlich sittenwidrig. Eine solche Sittenwidrigkeit kann zur Nichtigkeit des ganzen Testamentes führen. Das ist im Einzelfall auszulegen. Zweitens sind bedingte Erbeinsetzungen grundsätzlich wenig praktikabel.

Eine wenig praktikable aufschiebende Bedingung ist beispielsweise die folgende:

> „Erbe ist mein Sohn X, wenn er das zweite juristische Staatsexamen bestanden hat. Ersatzerbe ist ..."

Hier ist die Erbeinsetzung in einem Schwebezustand, solange die Bedingung nicht eingetreten ist. Sinnvoller wäre ein belohnendes Vermächtnis.

> „Wenn mein Sohn X sein zweites juristische Staatsexamen besteht, erhält er als Vermächtnis meine juristische Bibliothek."

Die Feststellung, ob eine aufschiebende Bedingung (§ 2074 BGB) eingetreten ist oder nicht, kann der Erblasser einem Dritten (z.B. Testamentsvollstrecker) zuweisen.

Mit einer auflösenden Bedingung kann der Erblasser versuchen zu erreichen, dass der Bedachte etwas unterlässt.

Alkohol- oder Drogenmissbrauch, Wiederverheiratung

Der auflösend bedingt eingesetzte Erbe ist zunächst nur Vorerbe. Stirbt er, ohne dass die Bedingung eingetreten ist, steht nachträglich fest, dass er von Anfang an Vollerbe war.

Schon diese komplizierte Situation einer rückwirkenden Statusänderung spricht gegen solche auflösenden Bedingungen.

Eher zu empfehlen sind auflösende Vermächtnisse, aus denen sich bei Eintritt der auflösenden Bedingung ein Herausgabeanspruch für den/die Erben ergibt.

> Eine Zeitbestimmung („Vollendung des 18. Lebensjahres") ist keine Bedingung.

Zu unterscheiden von einer Bedingung sind auch Wünsche und Empfehlungen sowie die Angabe von Beweggründen für eine letztwillige Verfügung. Im Zweifelsfall ist auszulegen (siehe dazu sogleich), ob der Erblasser eine Bedingung gewollt hat.

Der Erblasser kann z.B. in einer Präambel zu seiner letztwilligen Verfügung auch Wünsche äußern und Appelle an seine Erben richten, etwa sich bei der Auseinandersetzung des Erbes nicht zu streiten oder eine bestimmte Ausbildung abzuschließen.

Ob diese rechtlich unverbindlichen Appelle und Wünsche im Einzelfall fruchten, hängt von den Persönlichkeiten ab, an die sie gerichtet sind.

Auslegung einer letztwilligen Verfügung

In der Praxis sind Testamente immer wieder nicht ganz eindeutig abgefasst. Das gilt besonders für den häufigen Fall, dass Testamente ohne fachliche Beratung verfasst worden sind. Dann stellt sich die Frage, wie das Testament auszulegen ist. Ziel der Auslegung des Inhalts letztwilliger Verfügungen ist es, dem letzten Willen des Erblassers so weit wie möglich zur Geltung zu verhelfen, denn der Erblasser kann sich nicht mehr äußern.

Bei der Auslegung sind die Gesamtumstände zum Zeitpunkt der Testamentserrichtung zu würdigen. Eine etwaige Änderung des Willens des Erblassers nach der Testamentserrichtung ist unbeachtlich.

Grundsätzlich gilt:

• Bei der Auslegung können alle Tatsachen und Umstände berücksichtigt werden, die sich aus der letztwilligen Verfügung des Erblassers direkt ergeben – und zwar auch Umstände, die vor und nach dem Verfassen des Testaments liegen, wenn sie einen Schluss auf den Erblasserwillen im Zeitpunkt der Testamentserrichtung zulassen. Voraussetzung ist in jedem Fall, dass das Ergebnis der Auslegung sich in dem förmlichen Testament zumindest andeutungsweise wiederfindet (Andeutungstheorie).

• Vor allem Personen, die die Errichtung der fraglichen letztwilligen Verfügung begleitet haben, können bei der Auslegung Hilfestellungen geben, d.h. insbesondere Erben, Vermächtnisnehmer, Testamentsvollstrecker, aber auch der Notar oder der Rechtsanwalt, der die Errichtung der fraglichen letztwilligen Verfügung begleitet hat.

• Bei einer Testamentsauslegung zu beachtende Umstände können außerdem beispielsweise sein,
  – mit welchen Mitteln ein bestimmter Gegenstand erworben wurde,
  – die Bildung und berufliche Stellung des Erblassers,

- die Geschäftsgewandtheit des Erblassers,
- Schriftstücke des Erblassers, z.B. seine widerrufenen oder formungültigen Testamente, Entwürfe zu dem fraglichen Testament, ein Abschiedsbrief etc.,
- mündliche Aussagen des Erblassers
- und Verhaltensweisen des Erblassers vor und nach der Errichtung des Testaments.

Wenn verschiedene Auslegungen des Inhalts einer rechtswirksamen letztwilligen Verfügung möglich sind, gilt der Grundsatz der wohlwollenden Auslegung (§ 2084 BGB).

◆ Hat der Erblasser den vermachten Gegenstand veräußert, kann im Wege der ergänzenden Testamentsauslegung als Wille des Erblassers anzunehmen sein, dass dem bedachten Vermächtnisnehmer der Erlös für den Gegenstand vermacht sein soll.

◆ Ein Testament muss auch ausgelegt werden, wenn der Erblasser darin verfügt, dass seine Verwandten enterbt sind, eine dritte Person den Nachlass „regeln" soll, über sein Vermögen verfügen kann und den Auftrag hat, die Eigentumswohnung zu veräußern und von diesem Verkaufserlös und den Bankguthaben einen Notarztwagen zu kaufen und dem Roten Kreuz zur Verfügung zu stellen. Die Auslegung kann ergeben, dass die dritte Person Alleinerbe sein soll.

◆ Hat der Erblasser in einem Testament verfügt, dass Herr X seinen Nachlass verteilen und den größten Anteil erhalten soll und weitere Personen jeweils Geldbeträge erhalten sollen, so kann darin eine Alleinerbeinsetzung von Herrn X und Vermächtnisse für die weiteren Personen liegen.

Die Erben, Vermächtnisnehmer und ggf. der Testamentsvollstrecker können die letztwilligen Verfügungen des Erblassers nicht für ein Gericht bindend in einer gemeinsamen Vereinbarung auslegen. Ein Ge-

richt wird bei mehreren möglichen Auslegungen einer
übereinstimmenden möglichen Auslegung der Beteiligten, etwa in einem gemeinsamen Erbscheinantrag,
jedoch in aller Regel folgen.

Ein Dritter – beispielsweise ein Testamentsvollstrecker – kann vom Erblasser durch eine letztwillige
Schiedsklausel oder durch Bestellung zum Schieds-
richter zur Auslegung ermächtigt werden.

Erst wenn sich der Wille des Erblassers durch Auslegung nicht abschließend ermitteln lässt, gelten verschiedene gesetzliche Auslegungsregeln (siehe etwa
§§ 2066 ff., 2087 ff. BGB).

Sonderfall: Zweiseitige letztwillige Verfügungen

Wenn der Erbvertrag nur einseitige Verfügungen des Erblassers
enthält, erfährt ein in einem Erbvertrag Bedachter keinen besonderen Vertrauensschutz. Auch in diesem Fall ist nur entscheidend,
wie der Erblasser verfügen wollte. Bei einer vertragsmäßigen,
zumindest zweiseitigen Verfügung kommt im Gegensatz dazu § 157
BGB zur Anwendung.
Der übereinstimmende Wille der Vertragsparteien ist entscheidend. Ist ein solcher nicht erkennbar, ist die betreffende Erblasser-
erklärung so auszulegen, wie der Empfänger sie verstehen konnte.
Ggf. kommt eine Anfechtung wegen Irrtums in Betracht (§ 2078
BGB).

Wer einen bestimmten Willen des Erblassers behaup-
tet, ist vor Gericht insoweit darlegungs- und beweis-
pflichtig.

3 Besondere Gestaltungen

... bis hin zur vorweggenommenen Erbfolge

Testamentsvollstreckung

Der vom Erblasser in seiner letztwilligen Verfügung bestimmte Testamentsvollstrecker (§§ 2197 ff. BGB) hat die letztwilligen Verfügungen des Erblassers zur Ausführung zu bringen (§ 2203 BGB).

Der Erblasser kann einen oder in umfangreichen Erbsachen auch mehrere Testamentsvollstrecker ernennen. Das ist stets, d.h. auch bei einem Erbvertrag oder einem gemeinschaftlichen Testament, eine einseitige, jederzeit frei widerrufbare Verfügung des Erblassers.

Der Erblasser kann eine beliebige geschäftsfähige natürliche oder juristische Person zum Testamentsvollstrecker berufen (insbesondere Freunde, (Allein-) Erben, Verwandte, Ehegatten, einen Rechtsanwalt und nach aktueller Rechtsprechung auch eine Bank oder Sparkasse). Entscheidend ist die fachliche und persönliche Kompetenz der konkreten Persönlichkeit des Testamentsvollstreckers.

Für den Fall, dass ein ernannter Testamentsvollstrecker wegfällt, sollte der Erblasser einen Ersatztestamentsvollstrecker bestimmen. Der Erblasser kann die Auswahl der konkreten Person auch einem Dritten überlassen (§ 2198 BGB).

> „Hiermit ordne ich Testamentsvollstreckung an. Zu meinem Testamentsvollstrecker ernenne ich Herrn X und für den Fall, dass Herr X vor oder nach Annahme des Testamentsvollstreckeramtes wegfällt,

> ernenne ich zum Ersatztestamentsvollstrecker Herrn Y. Für den Fall, dass beide wegfallen, bestimmt das Nachlassgericht (§ 2000 BGB) eine geeignete Person zum Testamentsvollstrecker."

Das Testamentsvollstreckeramt beginnt, wenn der Ernannte das Amt durch Erklärung gegenüber dem Nachlassgericht angenommen hat (§ 2202 BGB). Er kann das Amt auch durch Erklärung gegenüber dem Nachlassgericht ablehnen.

Das Amt erlischt spätestens mit dem Tod des Testamentsvollstreckers. Der Erblasser kann auch einen früheren Termin bestimmen.

> „ ..., sobald mein Erbe das 25. Lebensjahr beendet hat."

Soweit das für die ordnungsgemäße Verwaltung des Nachlasses erforderlich ist, ist der Testamentsvollstrecker berechtigt, Verbindlichkeiten für den Nachlass einzugehen (§ 2206 BGB). In diesem Rahmen darf er beispielsweise Prozesse führen und auch Vergleiche abschließen.

Der Erblasser kann anordnen, dass der Testamentsvollstrecker in der Eingehung von Verbindlichkeiten nicht beschränkt sein soll (§ 2207 BGB). Dabei bleibt der Testamentsvollstrecker an den Grundsatz der ordnungsgemäßen Verwaltung gegenüber den Erben gebunden. Die sich daraus u. U. ergebende Haftung des Testamentsvollstreckers bleibt ebenfalls bestehen. Umgekehrt kann der Erblasser die Rechte des Testamentsvollstreckers auch beschränken (§ 2208 BGB). Handelsgeschäfte aus dem Nachlass führt der Testamentsvollstrecker grundsätzlich als Vertreter der Erben in deren Namen.

▽ **Praxistipp**

Die Einzelheiten für die Testamentsvollstreckung bei Gesellschafts-
beteiligungen sind kompliziert und je nach Gesellschaftsform zum
Teil umstritten, sodass der Erblasser sich hier unbedingt fachlich
beraten lassen sollte. Hier werden vor allem Vollmacht- und
Treuhandgestaltungen sowie die Beschränkung der Testamentsvollstreckung auf einzelne Gegenstände vorgeschlagen und
diskutiert. Der Erblasser muss hier insbesondere darauf achten,
welche Regelungen der Gesellschaftsvertrag zur Testamentsvollstreckung enthält.

Der Testamentsvollstrecker weist seine Legitimati-
on durch ein Testamentsvollstreckerzeugnis nach,
das ihm das Nachlassgericht auf Antrag ausstellt
(§ 2368 BGB).

Für die Erben hat der Testamentsvollstrecker unverzüglich, d.h. ohne schuldhaftes Zögern, ein Nach-
lassverzeichnis (Nachlassgegenstände und Nachlassverbindlichkeiten) zu erstellen (§ 2215 BGB). Er ist
dem Erben gegenüber zur Rechnungslegung verpflichtet (§ 2218 BGB).

Nachlassgegenstände, die er zur Erfüllung seiner
Aufgaben nicht mehr benötigt, hat er den Erben auf
Verlangen zur freien Verfügung zu überlassen (§ 2217
BGB).

**Bei schuldhafter Pflichtverletzung ist er geschädigten
Erben und Vermächtnisnehmern gegenüber zum Schadenersatz verpflichtet (§ 2219 BGB).**

Testamentsvollstreckervergütung

Für seine Tätigkeit erhält der Testamentsvollstrecker eine
angemessene Vergütung (§ 2221 BGB).
Hat der Erblasser allerdings in seinem Testament bestimmt, dass
der Testamentsvollstrecker unentgeltlich tätig werden muss,

besteht kein Recht auf eine Vergütung. Der Erblasser sollte überlegen, ob er das dem Testamentsvollstrecker wirklich zumuten will. Oftmals wird er zu solchen Bedingungen gar keinen Testamentsvollstrecker finden.

Stattdessen kann der Erblasser z.B. letztwillig eine bestimmte Vergütung nach Zeitaufwand (nachgewiesene Stunden) oder je nach Aufwand und Aufgabenbereich einen Prozentsatz vom Bruttonachlass festsetzen als Honorar.

Hat der Erblasser keine bestimmte Vergütung festgelegt, werden in der Praxis verschiedene Vergütungstabellen angewendet, etwa die Empfehlungen der Notarkammern (vgl. z.B. www.notarkammer-hamm.de unter „Downloads").

▽ Praxistipp

Im Fall der Vor- und Nacherbschaft sollte der Erblasser in seinem Testament zur Vermeidung von Missverständnissen ausdrücklich klarstellen, ob sich die Anordnung der Testamentsvollstreckung auf die Vorerbschaft und auf die Nacherbschaft bezieht.

Der Testamentsvollstrecker ist grundsätzlich nur für die Erbschaftsteuererklärung der Erben zuständig und nicht auch für die der Vermächtnisnehmer. Für die Erstellung von Steuererklärungen darf er einen Steuerberater beauftragen.

Bei der Verwaltung des Nachlasses hat der Testamentsvollstrecker entgegen einem weit verbreiteten Vorurteil keine Verpflichtung zu einer „mündelsicheren" Anlage, er muss den Nachlass vielmehr möglichst mehren. Das ist ersichtlich ein weites Feld, das im Einzelfall viel Spielraum lässt.

In der Praxis hat der Testamentsvollstrecker auf ausdrückliche Verfügung des Erblassers hin oder nur faktisch oft auch die Rolle eines Schlichters zwischen den Erben.

▽ Praxistipp

Bei der Auswahl des Testamentsvollstreckers sollte der Erblasser darauf achten, ob die betreffende Person über die notwendige Erfahrung verfügt.

Im Einzelfall sind also gegebenenfalls ganz besondere Anforderungen an die Fähigkeiten und Erfahrungen des Testamentsvollstreckers zu stellen. Eine entsprechend qualifizierte Persönlichkeit wird der Erblasser nur gegen eine entsprechende Vergütung gewinnen können.

Stiftungen als Erben

In Deutschland gilt der Grundsatz der Testierfreiheit. Er gilt auch für Stiftungen. Es gibt kein Sondererbrecht für Stiftungen. Insbesondere außerhalb des unternehmerischen Bereiches gewinnt die (steuerbegünstigte) Stiftung aktuell erheblich an Bedeutung im Zusammenhang mit der Nach- und Erbfolgeregelung.

Die rechtsfähige Stiftung

Die (rechtsfähige) Stiftung des Privatrechts ist als eine Zusammenfassung von vermögenswerten Gegenständen oder „Geld" für einen oder mehrere Zwecke auf Dauer angelegt (vgl. www.stiftungsrecht-plus.de).

Eine Stiftung hat keine Mitglieder oder Gesellschafter. Sie hat nur Destinatäre (Nutzer), das sind diejenigen natürlichen oder juristischen Personen, denen die Vorteile der Stiftung (Stiftungsleistungen) zugutekommen sollen.

Das Vermögen einer Stiftung darf in seiner Substanz grundsätzlich nicht ausgegeben oder angegriffen werden (Grundsatz der Vermögenserhaltung).

Wer an eine Stiftung als (Mit-)Erbin denkt, sollte das rechtzeitig **mit seiner Familie abstimmen** und diese für den Gedanken gewinnen, am besten sogar begeistern. Fühlt sich die Familie oder fühlen sich einzelne Familienmitglieder „enteignet", wird dadurch nach dem Tode des Erblassers/Stifters ein unguter Widerstand gegen die Stiftung provoziert, was die Umsetzung der Stiftungsidee im Sinne des Stifters nicht fördert.

Durch eine Stiftung lassen sich Pflichtteils- und Pflichtteilsergänzungsansprüche nicht vermeiden. Auch bei einer Stiftung als Erbin bleibt zur Pflichtteilsvermeidung also nur der Weg über Erb-/Pflichtteilsverzichtsverträge nach §§ 2346 ff. BGB.

Stiftung und Steuern

Grundsatz: die Errichtung und die Tätigkeit einer Stiftung ist mit unterschiedlichen steuerlichen Belastungen verbunden (Schenkungsteuer, Körperschaftsteuer etc.).
Ausnahme: Gemeinnützige Stiftungen (z.B. zur Förderung der Wissenschaft und Forschung, der Jugendhilfe, des Sports oder der Völkerverständigung) und mildtätige Stiftungen (§§ 51 ff. AO) sind grundsätzlich von der Steuer befreit.
Sonderregelungen: besondere Steuervergünstigungen bestehen für Stifter und Spender gemeinnütziger Stiftungen (§ 10 b EStG), die bei Ehepaaren jedem Ehegatten gesondert zustehen.
Erlöschen von Erbschaftsteuer: Die Erbschaftsteuer erlischt mit Wirkung für die Vergangenheit, soweit Vermögensgegenstände, die von Todes wegen oder durch Schenkung unter Lebenden erworben worden sind, innerhalb von 24 Monaten einer inländischen steuerbefreiten Stiftung zugewendet werden (vgl. § 29 ErbStG).

Die Familienstiftung ist keine gesonderte Stiftungsart, sondern eine Unterart der rechtsfähigen Stiftung des Privatrechts. Sie dient typischerweise dazu, größere Vermögen zusammenzuhalten und die Familie zu versorgen.

Familienstiftungen sind insbesondere im Unternehmensbereich beliebt. Über eine als unternehmensverbundene Stiftung ausgestaltete Familienstiftung kann unabhängig von der Familie die Sicherung der Zukunft des Unternehmens bei gleichzeitiger finanzieller Versorgung der Familienangehörigen erreicht werden.

Der Umfang der Familienversorgung reicht von regelmäßigen Zahlungen an die betreffenden Familienmitglieder bis zur Unterstützung „nur" bei der Ausbildung und in Notlagen.

▽ **Praxistipp**

Welchen Umfang die Familienförderung bei einer Stiftung haben muss, um diese rechtlich als Familienstiftung einzuordnen, ist „traditionell" umstritten. Die Frage wird zudem für das Stiftungszivilrecht anders beantwortet als für das Stiftungssteuerrecht.
Im Steuerrecht führt die Einstufung als Familienstiftung alle 30 Jahre zur Ersatzerbschaftsteuer, als würde das Vermögen der Stiftung auf zwei Abkömmlinge übergehen. Mit Blick auf die sich hier regelmäßig ergebenden erheblichen Steuerbeträge wundert es nicht, dass die Finanzverwaltung leicht dazu neigt, eine Familienstiftung anzunehmen.
Diese Zusammenhänge sind im Einzelfall für jede einschlägige Stiftungsgestaltung zur Nachfolgeregelung mit einem spezialisierten Fachmann zu klären.

Die „gemeinnützige Familienstiftung", die der Gesetzgeber in § 58 Ziffer 5 AO erfunden hat, gibt der Stiftung die Möglichkeit, einen Teil, jedoch höchstens ein Drittel ihres Einkommens dazu zu verwenden, in angemessener Weise den Stifter und seine nächsten Angehörigen, d.h. bis zur Enkelgeneration des Stifters, zu unterhalten, ihre Gräber zu unterhalten und ihr Andenken zu ehren. Einzelheiten zu dieser Förderung sind in der Praxis umstritten.

Die nicht rechtsfähige (unselbstständige) Stiftung

Die unselbstständige Stiftung (auch treuhänderische oder fiduziarische Stiftung genannt) unterscheidet sich von der Stiftung des Privatrechts dadurch, dass sie keine juristische Person ist.

Der Stifter überträgt einer bereits bestehenden natürlichen oder juristischen Person als Treuhänder Vermögenswerte (Stiftungsvermögen) zur grundsätzlich dauerhaften Verfolgung des von ihm vorgegebenen Stiftungszweckes.

Eine unselbstständige Stiftung hat dieselben Steuervorteile wie eine selbstständige Stiftung. Sie kann etwa wegen Mildtätigkeit oder Gemeinnützigkeit steuerbefreit sein. Hier wird in der Praxis regelmäßig eine sehr genaue Abstimmung des Stiftungszwecks mit dem Aufgabenbereich des vorgesehenen Trägers/ Treuhänders erforderlich sein.

Die Errichtung solcher Stiftungen erfordert kein staatliches Anerkennungsverfahren. Die unselbstständige Stiftung unterliegt keiner staatlichen Aufsicht.

Im Fall der Steuerbefreiung wacht aber natürlich die Finanzverwaltung über die Einhaltung der einschlägigen Steuervorschriften (insbesondere §§ 51 ff. AO).

Sowohl rechtsfähige wie auch treuhänderische Stiftungen können wirtschaftlich Erben oder Vermächtnisnehmer sein. Da die treuhänderische Stiftung keine eigene rechtliche Persönlichkeit bildet, wird in ihrem Fall der Treuhänder (rechtlich) Erbe oder Vermächtnisnehmer, der dann erbrechtlich per Auflage und/oder aufgrund des Treuhandvertrages verpflichtet wird/ist, den zugewendeten Vermögenswert „für" die Stiftung zu verwenden.

Vorweggenommene Erbfolge: Geben mit warmer Hand

Zur Übertragung von Vermögenswerten im Wege einer vorweggenommenen Erbfolge bieten sich – mit steuerlich z.T. sehr unterschiedlichen Konsequenzen (vgl. Kapitel 7) an:

• die teilentgeltliche Übertragung und die schenkweise Übertragung,
• gegebenenfalls die Zuwendung unter Lebenden auf den Todesfall
• sowie die „Ausstattung".

Bei einer Übertragung mit einer „Gegenleistung", etwa der Übertragung gegen eine Rentenzahlung, deren Wert unter dem Wert der übertragenen Anteile an dem Familienunternehmen liegt, ist zivilrechtlich zwischen dem Fall einer gemischten Schenkung (teilentgeltlich) und dem einer Schenkung unter Auflage zu unterscheiden.

Die Abgrenzung zwischen beiden Möglichkeiten ist vor allem für die etwaige Rückabwicklung und für eventuelle Pflichtteilsergänzungsansprüche (vgl. Kapitel 2) wichtig.

Maßgebend für die Abgrenzung zwischen gemischter Schenkung und Schenkung unter Auflage ist die Vorstellung der Beteiligten, also ob sie eine Leistung mit einer – allerdings nicht gleichwertigen – Gegenleistung oder eine Schenkung mit einer Nebenbestimmung gewollt haben, die den Beschenkten verpflichtet, nach Empfang der Leistung seinerseits eine

Leistung zu erbringen, die aus dem Zuwendungsgegenstand zu entnehmen ist.

Beispielsweise Rückforderungsoptionen, Widerrufsvorbehalte und Nießbrauchsvorbehalte können als Auflagen zu qualifizieren sein.

Soll die Gegenleistung aus dem eigenen Vermögen des Beschenkten erbracht werden, so liegt eine gemischte Schenkung vor, die sich aus einem entgeltlichen und einem unentgeltlichen Teil zusammensetzt.

Beispiele für Gegenleistungen: Schuldübernahme privater Verbindlichkeiten, Ausgleichszahlungen an andere Abkömmlinge (Gleichstellungsgelder).

Im Zweifelsfall sind die getroffenen Vereinbarungen auszulegen.

Ein solcher Zweifelsfall sollte jedoch durch eine eindeutige und dokumentierte Vereinbarung möglichst vermieden werden.

Zwischen der Schenkung (unter Lebenden) und den (erbrechtlichen) Zuwendungen von Todes wegen liegen die so genannten Zuwendungen unter Lebenden auf den Todesfall. Das Gesetz kennt Verträge zugunsten Dritter auf den Todesfall (§§ 330, 331 BGB) und das Schenkungsversprechen von Todes wegen (§ 2301 BGB).

Die gesetzlichen Regelungen werden als lückenhaft empfunden. Vieles ist strittig. Unabhängig davon sind diese Gestaltungen für die Nachfolgegestaltung, wenn die Vorteile einer vorweggenommenen Erbfolge genutzt werden sollen, grundsätzlich nicht geeignet.

Unter einer Ausstattung (§§ 1624, 2050 BGB) versteht man Zuwendungen der Eltern oder eines Elternteils

an ein Kind, die dem Kind mit Rücksicht auf seine
Verheiratung oder zur Erlangung einer selbstständi-
gen Lebensstellung zur Begründung und Erhaltung
seiner wirtschaftlichen Existenz gegeben werden.

▽ **Praxistipp**

Die vorweggenommene Erbfolge wird nachhaltig durch das
Erbrecht beeinflusst. Zu beachten sind vor allem die gesetzlichen
Pflichtteils- und Pflichtteilsergänzungsansprüche der Erben, die
durch eine vorweggenommene Erbfolge nicht ausgehebelt werden
können.

Oft wird die vorweggenommene Erbfolge durch den
Gedanken des Steuersparens motiviert (vgl. Kapitel 7).

Achtung: Immobilien zu Lebzeiten verschenken

Seit dem Inkrafttreten der Erbschaftsteuerreform am 01.01.2009
werden Immobilien für Erbschaftsteuer- und Schenkungsteuersät-
zen mit dem gemeinen Wert (Verkehrswert i.S.v. § 194 BauGB)
bewertet. Der gemeine Wert ist durch den möglichen Verkaufspreis
im gewöhnlichen Geschäftsverkehr geprägt (§ 9 BewG). Um
Ungerechtigkeiten zu vermeiden, z.B. wenn jemand mit geringen
Einkommen ein relativ wertvolles Haus erbt oder als Geschenk
erhalten hat, hat der Gesetzgeber die Freibeträge in der Steuerklasse I erhöht (Ehegatten/Lebenspartner/ 500.000,00 €, Kinder
400.000,00 €) und Stundungsmöglichkeiten eingeräumt. Es
besteht zudem die Möglichkeit, den Nachweis eines niedrigeren
Verkehrswertes zu erbringen. Das selbst genutzte Familienheim
kann der Ehegatte durch Schenkung steuerfrei erwerben
(§ 13 Abs. 1 Nr.4a ErbStG) vgl. Kapitel 7.

4 Unternehmens-nachfolge

Die Krönung des Unternehmerlebens

Die Situation

Rechtzeitige juristische und steuerliche Beratung ist eine gute Investition – ganz besonders im geschäftlichen Bereich. Gerade der Unternehmer schuldet sie seinen Erben.

> Eine gelungene Unternehmensnachfolge ist die Krönung eines Unternehmerlebens.

Die mittelständische Wirtschaft – und dabei ganz häufig Familienunternehmen – sind die tragenden Säulen unserer Wirtschaft – und nicht etwa die Großkonzerne, die die Titelblätter der Wirtschaftspresse dominieren.

Die Praxis zeigt leider, dass sich auch Unternehmer eher nicht oder jedenfalls nicht professionell um die Regelung ihrer Nachfolge kümmern. Das ist bedauerlicherweise kaum anders als bei den privaten Testamenten.

▽ Praxistipp

Jeder Unternehmer sollte neben einem Unternehmertestament für den Fall seines plötzlichen Todes auch ein erbrechtliches Notprogramm bestimmen. Hierbei ist darauf zu achten, ob letztwillige Regelungen für Sondersachverhalte (Vorversterben eines Erben, kinderlose Erben, Wiederverheiratung des Ehegatten etc.) erforderlich sind. Der Unternehmer kann beispielsweise festlegen, ob das Unternehmen von einem Familienfremden fortgeführt werden soll, bis ein Mitglied der Familie die Unternehmensführung übernehmen kann, oder ob es veräußert werden soll.

Um sicherzustellen, dass die Vorgaben des Unternehmers erfüllt werden, kann Testamentsvollstreckung angeordnet werden.

Das Unternehmertestament ist regelmäßig und bei besonderen Anlässen (z.B. Scheidung) daraufhin zu überprüfen, ob es noch passt.

Auf einen Gestaltungsansatz sollte ein Unternehmer auf jeden Fall verzichten: auf das bekannte und zu Unrecht beliebte „Berliner Testament" (vgl. Kapitel 2), bei dem sich die Ehegatten gegenseitig zum Alleinerben einsetzen. Typischerweise verdoppelt sich damit ungewollt die Erbschaftsteuer.

Ziele der Unternehmensnachfolgegestaltung

Vorrangige Zielsetzung einer Nachfolgeplanung ist die Erhaltung und Fortführung des Unternehmens. Eine „Zersplitterung" soll vermieden werden. Dazu soll das Unternehmen oder die Gesellschaftsbeteiligung auf den/die geeigneten Nachfolger übergehen.

Außerdem soll der Familienfriede möglichst gesichert, d.h. insbesondere die hinterlassene (unmittelbare) Familie angemessen versorgt werden. Der Finanzbedarf für die Erbschaftsteuer und etwaige Abfindungen ist dabei besonders zu berücksichtigen.

Der Zielkonflikt zwischen Unternehmenssicherung und Familienfrieden stellt in der Praxis eines der Hauptprobleme der Nachfolgegestaltung dar, dessen Lösung typischerweise einen erheblichen Aufwand mit sich bringt.

Die Gefahren eines Erbstreits sind im Fall der Unternehmensnachfolge besonders deutlich und gravierend. Typische Hauptrisiken bei der Unternehmensnachfolge sind:

- der (nicht im Einzelnen steuerbare) Erbgang nach dem Tod des Unternehmers,
- die nicht klar geregelte Management-Nachfolge,
- die (möglicherweise auch nur zeitweise) Lähmung des Unternehmens,
- ein von dem Unternehmen nicht zu verkraftender kurzfristiger Liquiditätsentzug,
- ein für das Unternehmen nicht tragbarer Kapitalverlust,
- eine Zersplitterung des Unternehmens durch konkurrierende Familienmitglieder/Erben,
- eine Dauerfehde in der Unternehmerfamilie und/oder im Gesellschafterkreis.

Die Unternehmensnachfolgegestaltung kann regelmäßig nur mithilfe fachlich versierter und erfahrener Berater erfolgen, die sich gegebenenfalls ergänzen.

Kernpunkte der Unternehmensnachfolge

Die nachfolgenden zwölf Punkte und Gestaltungshinweise beleuchten die wesentlichen Elemente einer Unternehmensnachfolgegestaltung.

- **Pattsituationen vermeiden**: Kaum etwas ist schlimmer als eine 50/50-Beteiligungssituation in einem Unternehmen. Hier ist der Streit quasi vorprogrammiert. Eine gegenseitige, das Unternehmen lähmende Blockade ist gefährlich für die Entwicklung eines Unternehmens.

- **Rechtsform überprüfen**: Oftmals ist es sinnvoll, eine Rechtsform zu wählen, in der die Trennung von Geschäftsführung („Macht") und Kapital möglich ist.

- **Ehevertrag abschließen**: Die gesetzlichen Güterrechtsregelungen sind für eine Unternehmerehe grundsätzlich nicht geeignet (vgl. hierzu Schiffer/Scherf, Ehevertrag). Sie behindern zudem die Unternehmensnachfolgeregelung. Der pauschale güterrechtliche Zugewinnausgleich ist möglichst ebenso zu vermeiden wie Pflichtteilsansprüche.

- **Gesellschaftsvertrag und Testament aufeinander abstimmen**: Regelungen des Gesellschaftsvertrages gehen testamentarischen Verfügungen vor. Wer mit anderen Partnern eine Vereinbarung über eine Gesellschaft trifft, ist später bei einseitigen Willenserklärungen wie etwa seinem Testament naturgemäß daran gebunden. Die Abstimmung zwischen Gesellschaftsvertrag und Testament ist darum besonders wichtig bei der Frage, wer gesellschaftsvertraglich Nachfolger werden darf und wer testamentarisch Nachfolger werden soll.

- **Erbengemeinschaft möglichst vermeiden**: Der Erbengemeinschaft (vgl. Kapitel 1) eilt gerade für den Unternehmensbereich sehr begründet ein schlechter Ruf voraus. Sie kann nur aufgrund einstimmiger Entscheidungen der Erben handeln, was bei mehreren Erben mit unterschiedlichen Interessen typischerweise nicht funktioniert. Stillstand und Blockade innerhalb einer Erbengemeinschaft können wichtige Entscheidungen im Unternehmen immer wieder verzögern.

- **Auswahl des Nachfolgers**: Die Auswahl eines geeigneten Nachfolgers ist die Kernaufgabe bei einer erfolgversprechenden Unternehmensnachfolgegestaltung.

- **Faire Ausstiegsmöglichkeit schaffen**: Der Unternehmer sollte dafür sorgen, dass Gesellschafter, die nicht mehr in der Gesellschaft bleiben wollen, faire, vorher bestimmte Ausstiegsmöglichkeiten erhalten.

- **Keine Schenkung ohne Pflichtteilsanrechnung bzw. Pflichtteilsverzicht**: Pflichtteilsansprüche von den nicht in die Unternehmerposition nachfolgenden Abkömmlingen belasten bei einem Unternehmertestament typischerweise die Liquidität des Unternehmens, denn sie müssen in der Regel aus dem Unternehmen finanziert werden.

- **Nachlass „fair und gerecht" verteilen**: Eltern wollen typischerweise ihren Nachlass „gerecht" zu gleichen Teilen auf die Kinder verteilen. Das ist auch bei Unternehmern nicht anders. Das klingt simpel, ist in der Umsetzung aber schwierig. Über „Gerechtigkeit" lässt sich bekanntlich sehr gut streiten (vgl. Kapitel 2).

- **Steuerliche Aspekte**: Wichtig ist, dass Unternehmensnachfolgeregelungen nicht rein steuerlich orientiert sind, sondern dass sie wirtschaftlich sinnvoll gestaltet und zugleich steuerlich optimiert werden (vgl. Kapitel 7), kurz gesagt: „Erbschaft steuern statt Erbschaftsteuern" und „in Steuern denken und nicht wegen Steuern lenken".

- **Rechtzeitig und klar übertragen**: Wer rechtzeitig beginnt, Anteile seinem Nachfolger zu schenken und zu übertragen (vorweggenommene Erbfolge, vgl. Kapitel 3), spart Steuern. Zu denken ist hier auch an Unterbeteiligungen oder stille Gesellschaften. Erforderlich ist immer eine klare Regelung, die die Nachfolge eindeutig zuweist.

- **Stufenplan für die Unternehmensnachfolge**: Gerade eine frühzeitig begonnene Unternehmensnachfolge, eigentlich aber beinahe jede Unternehmensnachfolge, lässt sich nicht in einem einzigen Schritt vollziehen. Typisch sind Stufenfolgen, die oftmals von einem Unternehmensbeirat begleitet werden.

▽ Praxistipp

Folgender 6-Stufen-Plan mag als Anregung für die Erarbeitung eines ähnlichen Stufenplans im konkreten Einzelfall dienen:

1. Stufe: Finanzielle Beteiligung (Familiensplitting!) durch Einräumung einer typisch stillen Beteiligung an dem Familienunternehmen oder Einräumung einer Unterbeteiligung an dem Anteil des Seniors

2. Stufe: Abschluss eines Arbeitsvertrages mit dem potenziellen Nachfolger, sobald dieser ein entsprechendes Alter erreicht und eine angemessene Ausbildung außerhalb des Unternehmens absolviert hat (Erprobungsphase 1)

3. Stufe: Vollmacht-/Prokuraerteilung an den Nachfolger (Erprobungsphase 2)

4. Stufe: Unentgeltliche Übertragung einer unmittelbaren Minderbeteiligung an dem Unternehmen von bis zu 25 % (Erprobungsphase 3)

5. Stufe: Übertragung der Mehrheitsbeteiligung auf den Nachfolger; Sperrminorität bei dem Senior; gegebenenfalls „Rückzug" des Seniors in den Beirat des Unternehmens (Beratungs- und Kontrollphase)

6. Stufe: Übertragung sämtlicher Anteile auf den Nachfolger; Rückzug des Seniors aus dem Beirat

Natürlich ist dieser Vorschlag eines Stufenplanes im Einzelfall vielfach variierbar, einzelne Stufen können ausgelassen oder modifiziert werden.

Modifizierungen sind insbesondere erforderlich, falls weitere Abkömmlinge als nicht „geschäftsführende Gesellschafter" in das Unternehmen aufgenommen werden.

Absicherung der Familie

Die Unternehmensnachfolge zu regeln, bedeutet für den Unternehmer nicht nur, die Zukunft des Unternehmens zu sichern, sondern zugleich, dass er seine Familie und sein Vermögen absichert.

Balance von unternehmerischem und privatem Vermögen

Es ist allgemein bekannt, dass Unternehmer häufig ihr gesamtes Vermögen in dem Unternehmen gebunden und kein wesentliches Privatvermögen gebildet haben. Die wirtschaftliche Absicherung des Unternehmers und seiner Familie erfolgt in diesen Fällen dann „nur" über das Unternehmen. Insbesondere im wirtschaftlichen Krisen- und Insolvenzfall, bei einer Scheidung, aber auch bei der Regelung der Unternehmensnachfolge und der vorweggenommenen Erbfolge führt es jedoch zu erheblichen Schwierigkeiten, wenn das Vermögen des Unternehmers gänzlich im Unternehmen steckt.

Um eine sinnvolle Balance zwischen unternehmerischem und privatem Vermögen herzustellen, werden bei der Frage nach der angemessenen privaten finanziellen Absicherung insbesondere folgende Punkte mit Blick auf den konkreten Einzelfall zu bedenken sein:

- **Betrieblicher Bereich:**
  - haftungsrechtliche Trennung von Betriebs- und Privatvermögen
  - haftungsbeschränkende Rechtsform (Kapitalgesellschaft, GmbH & Co. KG, Stiftung & Co. KG, etc.)
  - bei der GmbH: rechtzeitige angemessene betriebliche Pensionszusage

- **Privater Bereich:**
  - Aufbau eines angemessenen Privatvermögens (betrieblich genutztes Vermögen in Privatvermögen überführen?)
  - Ehevertrag: modifizierte Zugewinngemeinschaft
  - freiwillige Mitgliedschaft in der Rentenversicherung?
  - Kapitallebensversicherung
  - freiwillige Mitgliedschaft in der Berufsgenossenschaft?
  - Invaliditäts-, Unfall- und Krankheitsrisiko versichern

Absicherung des Lebenspartners und der Kinder

Wer als Unternehmer eine eigene Familie hat, muss Kinder und Ehegatten/Lebenspartner für den wirtschaftlichen Notfall besonders absichern, und zwar soweit möglich von Anfang an. Vor allem die folgenden Punkte sollten dabei bedacht und geregelt werden:

- **Ehegatte/Lebenspartner:**
  - Sicherung der Wohnung: über lebzeitige (Teil-)Schenkung, Vorausvermächtnis, Nießbrauch, dingliches Wohnrecht, Vor- und Nacherbschaft (steuerlich nachteilig) oder Auseinandersetzungsregelung
  - Sicherung des Hausrats, also Haushaltsgegenstände, persönliche Gegenstände, Bilder, Möbel, Teppiche, Kunstgegenstände, Auto: über Vorausvermächtnis oder Vor- und Nacherbschaft
  - kurzfristige finanzielle Absicherung: über Risikolebensversicherung
  - Information über Bar- und Bankvermögen

- Bargeld bzw. eigenes Bankguthaben für Unterhalt
- Rücklage für Erbfallkosten und Erbschaftsteuer
- möglichst keine „private" Übernahme von Risiken aus dem Unternehmensbereich (Bürgschaften etc.)
- eigene Einkünfte, eigene Rente, eigenes Vermögen
- Risiko-/Kapitallebensversicherung des anderen Ehegatten
- Rente nach dem Erblasser
- Nießbrauch
- besonders beachten: laufende Belastungen, Steuerrückstände, laufende Steuern

- **Kinder:**
  - vor allem: adäquate Ausbildung absichern
  - eventuell steuerliches „Familiensplitting" (Stille Beteiligung, Unterbeteiligung, Kommanditbeteiligung, etc.)

5 Sonstige Vorsorge des Erblassers

Eine letztwillige Verfügung allein reicht nicht

Im Zusammenhang mit einem Testament sind regelmäßig verschiedene weitere Punkte zu bedenken.

Vollmacht

Um im Todesfall seinen Erben unmittelbar die Verfügungsmacht über den Nachlass zu geben – auch wenn noch kein Erbschein vorliegt –, kann der Erblasser seinen oder bestimmten Erben, z.B. seinem Ehegatten, eine Vollmacht über den Tod hinaus geben.

Das ist insbesondere wichtig für die Bankverbindung, damit etwa die Liquidität des überlebenden Ehegatten sichergestellt ist. Alle Banken verfügen über entsprechende Vollmachtsformulare.

▽ Praxistipp

Nach dem Tod des Erblassers können die Erben und auch der Testamentsvollstrecker die Vollmacht ebenso widerrufen wie vorher der Erblasser.

Auch bei einer solchen Vollmacht muss der Erbe natürlich die letztwilligen Verfügungen des Erblassers beachten und einhalten.

Es ist auch möglich, die Vollmacht nur für den Todesfall, also nicht schon lebzeitig und über den Todesfall hinaus zu gewähren.

Formulierungsbeispiel für eine Vollmacht:

„Hiermit bevollmächtige ich, Sabine Y, meinen Sohn Klaus X nach meinem durch Vorlage einer amtlichen Sterbeurkunde nachgewiesenen Tod über meine bei der Bank ABC vorhandenen Kontoguthaben und Depots einschließlich Unterkonten und Unterdepots zu verfügen.

Diese Vollmacht kann von mir und von meinem Testamentsvollstrecker durch schriftliche Erklärung gegenüber der Bank widerrufen werden."

Für den Fall eines Unfalls oder sonstiger Handlungsunfähigkeit sollte der Unternehmer an eine Vorsorgevollmacht für seinen vorgesehenen Nachfolger denken. Das Unternehmen darf nicht führungslos werden. Mitunter mag hier auch die Bestellung eines geeigneten Prokuristen ausreichen.

Betreuungs- und Patientenverfügung

Ein großes aktuelles Thema sind Fragen der Lebenserhaltung und eines würdigen Todes. Man kann dazu seinen Willen in einer Betreuungs- und Patientenverfügung festhalten. Hier geht es etwa darum, festzulegen, wie bei einem irreversiblen Koma mit der Einleitung oder der Fortsetzung von lebensverlängernden oder auch nur leidensmindernden Maßnahmen umgegangen werden soll. Es handelt sich um ausgesprochen individuelle Entscheidungen, zu denen es noch keine gesetzlichen Regelungen gibt. Vieles wird diskutiert.

Im Internet findet man unter dem Stichwort „Patientenverfügung" zahlreiche Formulierungsbeispiele, an denen man sich orientieren kann, bevor man mit einem Anwalt ausführlich darüber spricht.

▽ **Praxistipp**

Um den behandelnden Ärzten und den Angehörigen die Entscheidung zu erleichtern, sollte die Patientenverfügung, die handschriftlich oder auch notariell verfasst werden kann, aktuell gehalten, d.h. regelmäßig, aber etwa auch vor einem Krankenhausaufenthalt durch eine neue Unterschrift bestätigt werden.

Im Zusammenhang mit der Patientenverfügung kann man sich auch mit der Frage der Organspende (Organspendeausweis) beschäftigen.

Der Deutsche Bundestag hat am 18.06.2009 beschlossen die Voraussetzungen von Patientenverfügungen und ihre Bindungswirkung eindeutig im Gesetz zu regeln. Das Gesetz ist seit dem 1. September 2009 in Kraft.

Danach haben Volljährige die Möglichkeit, festzulegen, wie sie im Falle einer schweren Erkrankung behandelt werden möchten.

Diese festgelegten Verfügungen können jederzeit formlos widerrufen werden.

Hat ein Patient keine Verfügung verfasst, so muss der Bevollmächtigte oder Betreuer des Erkrankten unter Beachtung des mutmaßlichen Willens des Patienten über einen ärztlichen Eingriff entscheiden. Wenn sich Arzt und Betreuer oder Bevollmächtigter des Patienten über dessen Willen einig sind, bedarf es keiner Einbindung des Vormundschaftsgerichts.

Weitere Ausführungen zu diesen beiden wichtigen und sehr individuell zu behandelnden Punkten würden den Rahmen dieses kleinen Buches sprengen.

6 Was Erben beachten sollten

Rechte und Pflichten

Die Erben werden Gesamtrechtsnachfolger in den Nachlass des Erblassers. Mehrere Erben bilden dabei als Miterben eine Erbengemeinschaft, die (gegebenenfalls mithilfe eines Testamentsvollstreckers) unter Beachtung der Pflichtteilsansprüche und nach Erfüllung etwaiger Vermächtnisse auseinanderzusetzen ist. Erben haften (vgl. S. 27 f.).

Herausgabe- und Auskunftsansprüche

Die Erben haben als solche verschiedene spezielle Herausgabe- und Auskunftsansprüche.

Erben haben gegen jeden, der aufgrund eines ihm in Wirklichkeit nicht zustehenden Erbrechts etwas aus der Erbschaft bzw. aus dem Nachlass erlangt hat (Erbschaftsbesitzer; §§ 2018 ff. BGB), und gegen sonstige unberechtigte Besitzer einen Anspruch auf Herausgabe.

Erben und auch Vermächtnisnehmer kennen den Nachlass regelmäßig nicht im Einzelnen. Daher gewährt das Gesetz verschiedene Auskunftsansprüche.

Diese sind mittels Klage erzwingbar und im Wege der Zwangsvollstreckung durchsetzbar. Damit sind sie ein „scharfes Schwert" in den Händen der Anspruchsberechtigten und in der Praxis nicht zu unterschätzen. Die wichtigsten Auskunftsansprüche sind:

- Auskunftsanspruch gegen den Erbschaftsbesitzer (§ 2027 Abs. 1 BGB)

- Auskunftsanspruch gegen sonstige Besitzer (§ 2027 Abs. 2 BGB)
- Auskunftsansprüche gegen den Scheinerben (§ 2362 Abs. 2 BGB)
- Auskunftspflichtig sind auch die Hausgenossen (§ 2028 BGB)
- Auskunftsansprüche zwischen Miterben: Der Gesetzgeber hat den Auskunftsanspruch über Zuwendungen zwischen Abkömmlingen (Kindern) als gesetzliche Miterben ausdrücklich geregelt (§ 2057 BGB).
  Damit sollen die Abkömmlinge gleich behandelt werden. Ob neben dieser gesetzlichen Auskunftspflicht zwischen den Abkömmlingen auch eine allgemeine Auskunftspflicht zwischen den Miterben besteht, ist umstritten. Die Rechtsprechung verneint eine allgemeine Auskunftspflicht der Miterben untereinander (BGH NJW-RR 1989, 450).
- Auskunftsanspruch des Nacherben (§§ 2121, 2127 BGB)
- Auskunftsanspruch gegen den vorläufigen Erben
- Auskunftsansprüche eines Vermächtnisnehmers
- Auskunftsansprüche des Pflichtteilsberechtigten (§ 2314 BGB)

Annahme und Ausschlagung

Mit dem Erbfall entstehen für den Erben folgende Möglichkeiten:
- Er kann das Erbe annehmen (§ 1943 BGB),
- er kann es innerhalb einer Frist von sechs Wochen (§ 1944 BGB) ausschlagen oder
- gegebenenfalls die Annahme und Ausschlagung innerhalb von sechs Wochen anfechten (§ 1954 BGB)

Die Ausschlagung erfolgt durch Erklärung gegenüber dem Nachlassgericht. Sie kann dort oder vor einem Notar abgegeben werden (§ 1945 BGB). Ein zu der Erklärung Bevollmächtigter muss der Erklärung eine öffentlich beglaubigte Vollmacht beifügen oder innerhalb der Ausschlagungsfrist nachreichen.

Für einen nicht voll geschäftsfähigen (Mit-)Erben schlägt dessen gesetzlicher Vertreter aus, der dazu die Genehmigung des Vormundschaftsgerichts benötigt.

Die Ausschlagung kann nicht unter einer Bedingung oder Zeitbestimmung erfolgen (§ 1947 BGB). Sie kann nicht auf einen Teil der Erbschaft beschränkt werden (§ 1950 BGB).

Ist ein Erbe jedoch durch letztwillige Verfügung als Erbe berufen, kann er, wenn er ohne die Verfügung gesetzlicher Erbe wäre, die Erbschaft als letztwilliger Erbe ausschlagen und sie als gesetzlicher Erbe annehmen (§ 1948 BGB). So kann er nachträglich den Erbgang beeinflussen.

Die Ehefrau ist als Alleinerbin eingesetzt. Sie schlägt aus und erbt nun neben den beiden Kindern.

Das kann z.B. auch aus erbschaftsteuerlicher Sicht (Freibeträge!) sinnvoll sein.

Das Ausschlagungsrecht ist vererblich (§ 1952 BGB). Mit der Ausschlagung gilt die Erbschaft als von Anfang an nicht bei dem Ausschlagenden angefallen (§ 1953 BGB). Sie fällt dann rückwirkend an denjenigen, der für den Fall berufen ist, dass der Ausschlagende nicht lebt. Das Nachlassgericht soll ihm das mitteilen.

Das Hauptproblem in der Praxis ist die kurze Ausschlagungsfrist von sechs Wochen (§ 1944 BGB), die bei nicht nur ganz einfachen Erbfällen kaum ausreicht, um sich als Erbe einen Überblick über den Nachlass verschaffen zu können.

Die Frist beginnt mit der Kenntnis von dem Erbfall und von der Berufung als Erbe, jedoch bei einem Testament nicht vor dessen Verkündung. Hatte der Erblasser seinen letzten Wohnsitz nur im Ausland oder hält sich der Erbe bei Beginn der Frist im Ausland auf, beträgt die Frist sechs Monate.

In der Praxis wird etwa bei einem Streit unter den Erben oder um steuerliche Vorteile durch die Nutzung von Steuerfreibeträgen zu erlangen, gegebenenfalls gegen eine Abfindung ausgeschlagen.

Die Annahme der Erbschaft und deren Ausschlagung können innerhalb einer Frist von sechs Wochen angefochten werden (§ 1954 BGB), z.B. wegen Drohung.

Der Anfechtende hat Dritten den Schaden zu ersetzen, der diesen dadurch entstanden ist, dass sie z.B. auf die Gültigkeit der Ausschlagung vertraut haben, etwa indem sie einen Prozess gegen den „nachrückenden" Erben angestrengt haben.

Irrt der Erbe über den Grund seiner Berufung als Erbe, d.h., führt er seine Erbenstellung auf einen bestimmten Tatbestand (z.B. gesetzlicher Erbe) zurück, beruht diese aber in Wirklichkeit auf einem anderen Tatbestand (Erbe durch Testament), gilt die Annahme der Erbschaft als nicht erfolgt (§ 1949 BGB).

Anfechtung der letztwilligen Verfügung

Betroffene können eine letztwillige Verfügung anfechten, soweit der Erblasser über den Inhalt der Erklärung im Irrtum war oder eine Erklärung diesen Inhalts überhaupt nicht abgeben wollte oder wenn er durch Drohung zu der Verfügung bestimmt worden ist (§ 2078 BGB) oder wenn er einen ihm unbekannten Pflichtteilsberechtigten in seiner Verfügung übergangen hat (§ 2079 BGB).

Der Erblasser kann eine bindende Verfügung in einem Erbvertrag oder einem gemeinschaftlichen Testament ggf. wegen Irrtums oder Drohung anfechten.

Anfechtungsberechtigt ist jeder, dem die Anfechtung unmittelbar zustattenkommt (§ 2080 BGB), d.h. insbesondere der gesetzliche Erbe, der sich gegen eine letztwillige Verfügung wendet.

Die Anfechtung erfolgt durch Erklärung gegenüber dem Nachlassgericht (§ 2081 BGB). Sie kann nur binnen Jahresfrist ab Kenntnis des Anfechtungsgrunds erfolgen (§ 2082 BGB). Spätestens nach 30 Jahren ist sie ausgeschlossen.

Nach Fristablauf kann ein durch eine Verfügung (z.B. ein Vermächtnis) Beschwerter die Leistung verweigern, auch wenn die Anfechtungsfrist verstrichen ist (§ 2083 BGB, Anfechtbarkeitseinrede).

Zur „Anfechtung" wegen Testierunfähigkeit vgl. Kapitel 2.

Der Nachweis der Erbfolge: Der Erbschein

Der Erbschein (§§ 2353 ff. BGB) dient als amtliches Zeugnis der Rechtsnachfolge für einen Erben, um den Nachweis seiner Rechte aus dem Erbfall zu erbringen.

In der Praxis ist der Erbschein immer wieder ein großes Thema. Er ist wichtig, aber gar nicht immer erforderlich. In einfachen Erbfällen ohne Immobilien ist
er oftmals entbehrlich, eben wenn sich die Erbfolge
auch auf anderem Wege belegen lässt.

▽ Praxistipp

Der Erbschein kann relativ unproblematisch bei dem Nachlassgericht beantragt werden. Als Erbe ruft man am besten dort an, bittet
um Übersendung eines bei vielen Gerichten vorhandenen Merk-
blatts und lässt sich, nachdem man die Unterlagen beisammen hat,
einen Termin für die Antragstellung geben.

Banken und Sparkassen fordern regelmäßig die Vorlage eines Erbscheins, bevor sie Konten und Depots
auf den Erben umschreiben. Nach § 5 der AGB Banken und Sparkassen ist grundsätzlich der Erbschein
vorzulegen. Manche Institute begnügen sich allerdings mit der Vorlage einer beglaubigten Abschrift
des Testaments nebst Eröffnungsprotokoll des Nachlassgerichts.

Mitunter gibt es **Streit über den Erbschein** – etwa,
weil ein gesetzlicher Erbe den Erblasser, der seine Le-
benspartnerin zur Alleinerbin eingesetzt hat, für nicht
testierfähig (vgl. Kapitel 2) hält.
    Das **Erbscheinverfahren** ist grundsätzlich kein
Streitverfahren, das Nachlassgericht hat aber den
Sachverhalt im Rahmen des Erbscheinantrags von
Amts wegen zu ermitteln (§ 12 FGG, § 2358 BGB).
Dazu kann neben anderen auch der Rechtsanwalt,
der den Erblasser beraten hat, oder der beurkunden-
de Notar als Zeuge gehört werden, wie überhaupt die
Regel vom **rechtlichen Gehör für alle Verfahrensbe-
teiligten** gilt (§ 2360 BGB).

Das Nachlassgericht hat die Wahl zwischen einem Verfahren nach § 12 FGG mit strenger Beweiswürdigung (ZPO) oder dem Freibeweis (§ 15 FGG).

Der Erbscheinantrag wird zurückgewiesen, wenn Mängel vorhanden sind, die in absehbarer Zeit nicht ausgeräumt werden können. Der Beschluss ist zu begründen und mit einfacher, unbefristeter Beschwerde anfechtbar.

Der einmal erteilte Erbschein kann wegen seiner Gutglaubenswirkung nicht mit einem Rechtsmittel angefochten werden.

Der falsche Erbschein

Unrichtige Erbscheine werden von Amts wegen aus dem Verkehr gezogen (§ 2361 BGB).
Der wirkliche Erbe kann von dem Besitzer eines unrichtigen Erbscheins die Herausgabe an das Nachlassgericht und Auskunft verlangen (§ 2362 BGB). Der „falsche" Erbe hat dem wirklichen Erben Auskunft über den Bestand und den Verbleib der Erbschaftsgegenstände zu erteilen.

Der Rechtsbehelf gegen Entscheidungen des Nachlassgerichts im Erbscheinverfahren ist die unbefristete Beschwerde (§§ 19 ff. FGO) an das Landgericht. Es besteht kein Anwaltszwang. Das Nachlassgericht ist an die in der Beschwerdeentscheidung genannte Rechtsauffassung des Beschwerdegerichts gebunden.

Die Kosten des Erbscheinverfahrens trägt nach dem Gesetz der Antragsteller (§§ 22, 49, 107, 130 KostO). Für den Antrag entsteht eine volle Gebühr (§ 107 Abs. 1 KostO). Für die Zurückweisung eines Erbscheinantrages wird eine halbe Gebühr erhoben.

Gebühren für Erbscheinverfahren

Nach der aktuellen Gebührentabelle gelten für das Erbscheinverfahren folgende Gebühren (Angaben in Euro):

Gegenstandswert	Gebühr
1.000,00	10,00
5.000,00	42,00
10.000,00	54,00
50.000,00	132,00
100.000,00	207,00
500.000,00	807,00
1.000.000,00	1.557,00
5.000.000,00	7.557,00
10.000.000,00	10.757,00

Geht ein erteilter Erbschein verloren, macht das grundsätzlich nichts aus, denn die Rechtswirkungen eines Erbscheins beginnen mit seiner Erteilung und enden erst mit seiner Einziehung, Kraftloserklärung oder Herausgabe (§§ 2361, 2362 BGB). Es ist formlos eine weitere Ausfertigung des Erbscheins bei dem Nachlassgericht zu beantragen.

Der „internationale" Erbschein

In Internationalen Erbfällen, d.h. wenn ausländische Erblasser, Erben und/oder ausländische Nachlassgüter betroffen sind, ist die Angelegenheit kompliziert. Es sollte unbedingt ein Fachmann konsultiert werden.

Abwehr der Erbenhaftung

Die Haftung der Erben kann sich auf ganz erhebliche Beträge beziehen ñ etwa, wenn der Erblasser ein (zuletzt) defizitäres Unternehmen betrieben hat oder wenn ñ kein ganz seltener Fall! ñ Steuerschulden aufgrund gewagter Steuergestaltungen drohen oder bereits anstehen.

Der Gesetzgeber hat den Erben, wenn sie das Erbe nicht ausgeschlagen haben, sieben Abwehrwälle im Zusammenhang mit der Erbenhaftung gegeben.

Ein Erbe haftet für die Nachlassverbindlichkeiten zwar grundsätzlich unbeschränkt, er hat aber verschiedene Möglichkeiten, seine Haftung durch besondere Maßnahmen auf den Nachlass zu beschränken (§ 1975 BGB). Dieses Recht der Haftungsbeschränkung für Erben ist äußerst kompliziert und kann hier nur in Grundzügen dargestellt werden (vgl. insbesondere Weirich 2004, S. 73 ff.).

Erster Abwehrwall: Die „Dreimonatseinrede"

Vor der Annahme der Erbschaft (i.d.R. Unterlassung des Ausschlagens) kann eine Nachlassschuld gegen den Erben nicht gerichtlich geltend gemacht werden (§ 1958 BGB). Auch nach der Annahme der Erbschaft kann der Erbe noch drei Monate lang die Befriedigung der Nachlassgläubiger verweigern (§ 2014 BGB).

Zweiter Abwehrwall: Aufgebotsverfahren und Verschweigungseinrede

Zur Feststellung der vorhandenen Verbindlichkeiten kann u.a. der (Mit-)Erbe ein Aufgebotsverfahren einleiten (§ 1970 BGB, §§ 946 ff. ZPO) und die Erfüllung einer Nachlassverbindlichkeit bis zur Beendigung des Aufgebotsverfahrens verweigern (§ 2015 BGB, Aufgebotseinrede).

Auf den Antrag des Erben erlässt das Gericht ein Aufgebot (= öffentliche Aufforderung an die Gläubiger, ihre Forderungen anzumelden) mit einer Frist von höchstens sechs Monaten und nach Ablauf dieser Frist auf Antrag ein Ausschlussurteil (§§ 994, 952 ZPO).

Ein Nachlassgläubiger, der seine Forderung später als fünf Jahre nach dem Erbfall geltend macht (= Fall der Gläubigersäumnis, Verschweigungseinrede), wird wie ein im Aufgebotsverfahren ausgeschlossener Gläubiger behandelt (§ 1974 Abs. 1 Satz 1 BGB).

Dritter Abwehrwall: Das Nachlassinventar

Ein Erbe kann – etwa im Zusammenhang mit dem Aufgebotsverfahren – unter Mitwirkung des Gerichts oder eines Notars ein Nachlassinventar (= Verzeichnis des Nachlasses) errichten und es bei dem Nachlassgericht einreichen (§§ 1993, 2002 f. BGB). Das Nachlassinventar soll die Aktiva und die Passiva des Nachlasses und eine etwa erforderliche Beschreibung der Nachlassgegenstände sowie die Angabe des Wertes enthalten (§ 2001 BGB).

Das Nachlassinventar bringt für den Erben einen großen Aufwand und nur relativ geringe Vorteile. Das Inventar bewirkt weder eine Haftungsbeschränkung noch eine Haftungssonderung.

Vierter Abwehrwall: Die Nachlassverwaltung

Die Haftung des Erben für die Nachlassschulden beschränkt sich auf den Nachlass, wenn eine Nachlassverwaltung vom Gericht angeordnet ist (§ 1975 BGB). Antragsberechtigt ist jeder Nachlassgläubiger und auch der Erbe. Bei einer Erbengemeinschaft sind es nur alle Miterben gemeinsam (§ 1981 BGB).

Mit der Anordnung der Nachlassverwaltung verliert der Erbe die Befugnis, den Nachlass zu verwalten und über ihn zu verfügen (§ 1984 BGB).

Der Nachlassverwalter wird vom Amtsgericht bestellt. Er vertritt den Nachlass kraft seines Amtes; seine Stellung entspricht der eines

Insolvenzverwalters (s. § 1985 BGB). Der Nachlass und das eigene Vermögen des Erben werden im Fall der Nachlassverwaltung wieder getrennte Vermögensmassen (§ 1976 ff. BGB).

Fünfter Abwehrwall: Die Nachlassinsolvenz

Ist dem Erben die Überschuldung des Nachlasses bekannt, ist er verpflichtet, unverzüglich das Nachlassinsolvenzverfahren zu beantragen (§ 1980 Abs. 1 BGB). Die Eröffnung des Nachlassinsolvenzverfahrens bewirkt, wie die Nachlassverwaltung, ebenfalls die Trennung der beiden Vermögensmassen „Nachlass" und „Eigenvermögen des Erben" und ferner, dass der Erbe nur mit dem Nachlass haftet (§ 1975 BGB).

Antragsberechtigt sind außer dem Erben auch der Nachlassverwalter, ein Nachlasspfleger, ein Testamentsvollstrecker und jeder Nachlassgläubiger (§ 217 KO).

Sechster Abwehrwall: Die Dürftigkeitseinrede

Ist ein Nachlass so „dürftig", dass eine Nachlassverwaltung oder eine Nachlassinsolvenz mangels einer die Kosten deckenden Masse nicht lohnt, kann der Erbe gegenüber Gläubigern die „Einrede der Dürftigkeit des Nachlasses erheben".

Er muss dann aber den Gläubigern den Nachlass zur Befriedigung im Wege der Zwangsvollstreckung herausgeben (§ 1990 BGB).

Siebter Abwehrwall: Überschuldung durch Vermächtnisse und Auflagen

Beruht die Überschuldung eines Nachlasses auf Vermächtnissen und Auflagen, kann der Erbe, nachdem er die übrigen Gläubiger vollständig befriedigt hat, die Vermächtnisnehmer und Auflageberechtigten auf den Restnachlass verweisen oder die Herausgabe der noch vorhandenen Nachlassgegenstände durch Zahlung deren Verkehrswertes abwenden (§1992 BGB). Der Verkehrswert ist zum Zeitpunkt der Einredeerhebung zu schätzen.

Ist ein Erbe zugleich Pflichtteilsberechtigter (§§2303 ff. BGB, insbesondere Abkömmlinge, Eltern und Ehegatten), hat er noch weitere Möglichkeiten:

Ist der Erbteil nicht größer als der ihm zustehende Pflichtteil, gelten die Vermächtnisse und Auflagen als nicht angeordnet (§2306 Abs. 1 Satz 1 BGB).

Ist der Erbteil größer, kann der Erbe sich von den Vermächtnissen und Auflagen dadurch befreien, dass er den Erbteil ausschlägt und seinen Pflichtteil vom nachrückenden Erben verlangt (§2306 Abs. 1 Satz 2 BGB). Der Pflichtteilsanspruch geht den Ansprüchen aus Vermächtnissen und Auflagen im Rang vor und ist vom Erben vorweg zu befriedigen (§1991 Abs. 4 BGB).

Vorerbe/Nacherbe

Ein Vorerbe haftet wie ein „normaler Erbe" (= Vollerbe) bis zum Eintritt der Nacherbfolge für die Nachlassverbindlichkeiten. Er kann seine Haftung nach denselben Regeln beschränken wie ein Vollerbe. Der Nacherbe haftet erst, wenn der Nacherbenfall eingetreten ist. Der Vorerbe haftet ggf. neben dem Nacherben weiter.

Der Nacherbe kann seine Haftung mit den Abwehrwällen auf den vom Vorerben erlangten Nachlass beschränken. Das gilt unabhängig davon, ob bereits der Vorerbe seine Haftung beschränkt hatte (§§2144, 2145 BGB).

Aufgebot und Inventarerrichtung des Vorerben wirken auch zugunsten des Nacherben.

7 Steuerliche Hinweise

... zur Optimierung des Testamentes

Steuern im Erbfall

Der Gesetzgeber hat die Erbschaft- und die Schenkungsteuer im Erbschaft- und Schenkungsteuergesetz ganz überwiegend gleich geregelt. Zur besonderen (vorteilhaften) steuerlichen Behandlung des Zugewinnausgleichs bei der Zugewinngemeinschaft unter Eheleuten siehe Kapitel 1.1.

Die Erbschaftsteuer bezieht sich auf alle Bereicherungen im Zusammenhang mit dem Tod einer Person (§ 3 ErbStG). Das sind insbesondere Erbfall, Vermächtnis, Pflichtteilsansprüche, Schenkung auf den Todesfall.

> **Die Steuer entsteht mit dem Tod des Erblassers.**

Die Schenkungsteuer betrifft alle Bereicherungen, die schon unter Lebenden erfolgt sind (§ 7 ErbStG). Die Steuer entsteht mit der Ausführung der Zuwendung.

	im Erbfall	bei Schenkung
Ehegatte	I	I
Kinder, Stiefkinder	I	I
Enkel, Urenkel	I	I
Eltern	I	II
(Ur-) Großeltern	I	II
Geschwister	II	II
Nichten und Neffen	II	II
Stiefeltern	II	II
Schwiegerkinder	II	II
Schwiegereltern	II	II

Geschiedener Ehegatte		II	II
Alle anderen, auch der gleich-geschlechtliche Lebenspartner		III	III

Abb. 7: Die Steuerklassen der Erbschaft- und Schenkungsteuer

Für die einzelnen Steuerklassen unterscheidet der Gesetzgeber je nach Wert des steuerpflichtigen Erwerbs folgende Steuersätze (§ 19 ErbStG):

Wert des steuerpflichtigen Erwerbs*		Steuersatz in % bei Steuerklasse		
		I	II	III
bis	75.000 Euro	7	30	30
bis	300.000 Euro	11	30	30
bis	600.000 Euro	15	30	30
bis	6.000.000 Euro	19	30	30
bis	13.000.000 Euro	23	50	50
bis	26.000.000 Euro	27	50	50
über	26.000.000 Euro	30	50	50

*Der Steuerwert muss nicht mit dem tatsächlichen Wert (Verkehrswert) identisch sein

Abb. 8: Steuersätze im Erbschaft- und Schenkungsteuerrecht

Die viel beschworene steuerliche Optimierung der Nachfolgegestaltung erfolgt vor allem über die vorweggenommene Erbfolge (vgl. Kapitel 7), aber auch bei der letztwilligen Übertragung gibt es einige Steueroptimierungsansätze.

In § 16 ErbStG gewährt der Gesetzgeber nach der Erbschaftsteuerreform folgende für den „statistischen Normalbürger" recht erhebliche Steuerfreibeträge (zumindest für den Ehegatten und die Kinder):

- Ehegatte und Lebenspartner: 500.000 Euro
- (Stief-)Kinder und Kinder verstorbener Kinder: 400.000 Euro
- Kinder nicht verstorbener (Stief-)Kinder: 200.000 Euro
- übrige Personen der Steuerklasse I: 100.000 Euro
- Personen der Steuerklasse II & III: 20.000 Euro

Hinzu kommt ein Versorgungsfreibetrag für Ehegatten / Lebenspartner (§ 17 ErbStG: 256.000 Euro) und nach Alter gestaffelte Versorgungsfreibeträge für die Kinder.

Im Sinne einer Familienbetrachtung wird ein Erblasser aus steuerlicher Sicht gemeinsam mit seinem Berater vor allem überlegen, wie er diese Freibeträge bei der Verteilung seines Vermögens geschickt und legal ausnutzt.

Da das Steuerrecht und dessen Auslegung einem ständigen Wandel unterliegen (Stichwort: „Steuerchaos"), sollte sich der Erblasser hier besonders intensiv beraten lassen und seine letztwillige Verfügung sinnvollerweise regelmäßig dahin überprüfen (lassen), ob sie dem aktuellen Steuerrecht noch entspricht. Eine umfangreiche Steuerreform ist zum 01.01.2009 in Kraft getreten.

Wegen der Komplexität des Themas können hier nur beispielhaft einige wesentliche Gestaltungshinweise gegeben werden:

- Die Vererbung allein an überlebende Alleinerben-Ehegatten ist erbschaftsteuerlich nachteilig (Steuerprogression bei dem überlebenden Ehegatten, ungenutzte Freibeträge der Kinder im ersten Erbgang).

Dies gilt entsprechend für den zweiten Erbgang nach dem Tod des zweiten Elternteils, da nunmehr das (verbliebene) Gesamtvermögen der beiden Elternteile von den Kindern zu versteuern ist. Der (verbliebene) Nachlass des Erstverstorbenen wird faktisch nochmals besteuert.

Nur wenn der zweite Todesfall weniger (!) als zehn Jahre nach dem ersten stattfindet, kommt es zu einer Abmilderung der Doppelbesteuerung (§ 27 ErbStG).

Der angehende Erblasser wird also aus steuerlicher Sicht nicht nur seinen Ehegatten bedenken, sondern auch seine Kinder.

▽ Praxistipp

Falls er das nicht getan hat, können der Ehegatte und die Kinder steuerlich noch etwas retten, indem die Pflichtteile geltend gemacht werden oder indem der Ehegatte sein letztwilliges Erbrecht ausschlägt und mit den Kindern das gesetzliche Erbe antritt (vgl. Kapitel 6).

Mit einer durchdachten Gestaltung sollte der Erblasser solche pauschalen Umwege möglichst vermeiden.

- Der Erblasser wird beispielsweise auch überlegen, ob er statt seiner Kinder teilweise schon seine Enkel bedenkt.

- Zudem wird er bedenken, dass den Kindern die Steuerfreibeträge nach beiden Elternteilen zustehen. Ggf. wird das Vermögen unter Ausnutzung der Steuervorteile der vorweggenommenen Erbfolge (vgl. Kapitel 7) sinnvoll unter die Eltern aufgeteilt.

▽ **Praxistipp**

Zeitlich nahe aufeinander folgende „Kettenschenkungen" in der Familie nur zu diesem Zweck erkennt die Finanzverwaltung steuerlich allerdings wegen des Vorwurfs des Gestaltungsmissbrauchs nicht an. Der Eindruck einer Kettenschenkung sollte deshalb unbedingt vermieden werden.

- Steuervorteile bestehen auch für die Vererbung von Betriebsvermögen (§ 13a / §13b ErbStG), um vor allem im Mittelstand die Unternehmensnachfolge zu erleichtern, da dort regelmäßig kein ausreichendes liquides Vermögen für die Erbschaftsteuer zur Verfügung steht, das Unternehmen aber im Interesse der Volkswirtschaft erhalten und nicht noch zusätzlich belastet werden soll. Seit der Erbschaftsteuerreform kann Betriebsvermögen zu 85 % steuerfrei vererbt werden, wenn der Erbe das Unternehmen mindestens sieben Jahre lang weiterführt und zusätzlich genau bestimmte Anforderungen bzgl. der Lohnsumme und des vorhandenen Verwaltungsvermögens erfüllt sind. Unter noch engeren Voraussetzungen ist sogar eine 100%ige Steuerbefreiung möglich wenn der Betrieb zehn Jahre lang weitergeführt wird (Verschonungsregelungen).

- Das „Vererben von Verlusten und Schulden" ist ein gestalterisches Dauerthema, das leider von einer recht unwägbaren Rechtsprechung begleitet wird. Hier können ggf. Steuervorteile erzielt werden, da Schulden steuerlich grundsätzlich mit ihrem wahren Wert angesetzt werden, Vermögenswerte hingegen, wie gezeigt, steuerlich unter Umständen niedriger angesetzt werden. Führt das zur Vererbung von Verlusten, die der Erbe mit sonstigen Einkünften verrechnen will, wird es allerdings schwierig. Das Thema ist deshalb vor dem Hintergrund der aktuellen Rechtsprechung im Einzelfall mit einem erfahrenen Berater zu besprechen.

Bei der steuerlichen Gestaltung der Erb- und Nachfolge ist neben der Erbschaft-/Schenkungsteuer auch die Einkommensteuer zu beachten, wie beispielhaft der folgende Praxisfall zeigt.

Praxisfall

Miterbenauseinandersetzung und Einkommensteuer:
Zwei Kinder (A und B) erben u.a. eine Immobilie, die der Erblasser für 250.000 Euro erworben hatte, und die nun 500.000 Euro wert ist. Bei der Auseinandersetzung der Erben zahlt A, dem die Immobilie nach dem Wunsch des Erblassers zufällt, an B einen Auseinandersetzungsbetrag von 250.000 Euro.
Das ist ein steuerpflichtiges privates Veräußerungsgeschäft (§ 23 Abs. 1 Nr. 1 EStG) von B an A mit entsprechenden Einnahmen von B und entsprechenden Anschaffungskosten bei A (vgl. Kapitel 4). Einkommensteuerlich werden solche Ausgleichszahlungen wie Verkäufe unter Lebenden behandelt. Daneben fällt natürlich Erbschaftsteuer bei A und B an, soweit nicht noch Freibeträge zur Verfügung stehen.

Ob hier im konkreten Einzelfall nach dem jeweiligen Steuerrecht steuerliche Gestaltungsmöglichkeiten (die jedoch zunehmend abgebaut werden) bestehen, wird der angehende Erblasser mit seinem Berater klären.

In diesem Fall wäre mit dem angehenden Erblasser vor allem zu besprechen, ob er auf eine entsprechende Teilungsanordnung verzichtet, um den Erben eine flexiblere Aufteilung zu ermöglichen. Sinnvoller wäre es, die Erben mit entsprechenden Vorausvermächtnissen (Immobilie und Geld) zu bedenken, um eine Ausgleichszahlung möglichst zu verhindern.

Steuern bei der vorweggenommenen Erbfolge

Die vorweggenommene Erbfolge bietet einige Möglichkeiten der Steueroptimierung. Grundsätzlich gilt:

- Schenkung- und erbschaftsteuerrechtlich hat die vorweggenommene Erbfolge nach aktuellen Steuerrecht den Vorteil, dass die steuerlichen Freibeträge (§ 16 ErbStG) sowie die günstigen Anfangszonen der progressiven Schenkung- und Erbschaftsteuer (§ 19 i. V. m. § 15 ErbStG) mehrfach ausgenutzt werden können. Die steuerlichen Freibeträge fallen alle 10 Jahre erneut an (§ 14 ErbStG). Streng genommen müsste man die bei der vorweggenommenen Erbfolge anfallende Schenkungsteuer bis zum Zeitpunkt des Erbfalls aufzinsen, um einen realistischen Belastungsvergleich zu erhalten. Wenn man spitz rechnet, kann sich hieraus trotz der mehrfachen Nutzung der Freibeträge und des Progressionsvorteils möglicherweise auf den ersten Blick ein Nachteil ergeben (siehe aber sogleich).

- Bei der vorweggenommenen Erbfolge besteht die Möglichkeit, einen steuerlich günstigen Zeitpunkt für die Übertragung zu wählen (z.B. niedriger Aktienkurs).

- Hinzu kommt, dass sich ein zukünftiger Wertzuwachs des vorweg geschenkten Gegenstandes bei dem Nachfolger und nicht mehr bei dem Überge

ber vollzieht. Dieser Wertzuwachs ist schenkung-/
erbschaftsteuerfrei. In aller Regel dürfte hierdurch
der Zinsnachteil (Aufzinsung) durch die bei der
vorweggenommenen Erbfolge früher zu entrich-
tende Schenkungsteuer ausgeglichen werden.

- Das Einkommen aus dem geschenkten Gegenstand (z.B. Unternehmensbeteiligung) fällt bei
  dem Beschenkten an. Aus Sicht der Gesamtfamilie
  ist das wegen der Steuerprogression bei der
  Einkommensteuer vorteilhaft („Familiensplitting").

- Das Familienwohnheim (= zu eigenen Wohnzwe-
  cken genutzt, Mittelpunkt das familiären Lebens,
  d.h. nicht Ferienhaus) kann steuerfrei an Ehegat-
  ten/Lebenspartner geschenkt werden (§ 13 Abs. 1
  Ziff. 4a ErbStG ohne Höchstgrenze). Das gilt
  auch für einen Miteigentumsanteil. Die gewerbli-
  che Nutzung (Beispiel: Freiberuflerkanzlei im
  Haus) ist unschädlich, wenn die Wohnnutzung
  insgesamt überwiegt. Eine Vermietung, auch nur
  eine Teilvermietung, steht der Anwendung der
  Vorschrift allerdings entgegen.

- Witwen/Witwer und Kinder können zusätzlich zu
  den persönlichen Freibeträgen erbschaftsteuerfrei
  das Familienheim erben. Voraussetzung ist, dass
  der Erblasser darin gewohnt hat und seinen
  Lebensmittelpunkt dort hatte und soweit die
  Kinder erben, das Haus nicht mehr als 200 qm
  Wohnfläche hat und selbst genutzt wird (§ 13 Abs.
  1 Nr. 4b und 4c ErbStG).

- Übernimmt der Schenker die Schenkungsteuer, ist
  das kein weiterer steuerpflichtiger Erwerb des

Beschenkten, vielmehr wird die Schenkungsteuer progressionsfreundlich dem sonstigen Erwerb steuerlich hinzugerechnet (§ 10 Abs. 2 ErbStG).

- Ein Erbverzichtsvertrag, der bei einer vorweggenommenen Erbfolge oft gleichzeitig abgeschlossen wird, löst keine Steuerpflicht aus; eine etwaige Abfindung anderer potenzieller Erben durch den Schenker ist dagegen nach § 7 Abs. 1 Nr. 5 ErbStG schenkungsteuerpflichtig.

Erben von A bis Z

- **Alleinerbe:** Der Alleinerbe ist der alleinige Erbe des Erblassers. Er hat keine Miterben.

- **Aufgebot:** Öffentliche Aufforderung an die Gläubiger des Erblassers, ihre Forderungen anzumelden.

- **Auslandsbezug:** Bei einem Testament mit Bezug zum Ausland
  (z.B. ausländischer Erblasser, Vermögenswerte im Ausland etc.) ist das ausländische Recht besonders zu beachten. Es gibt kein internationales Erbrecht, das die Erbfolge regelt. Das so genannte Internationale Erbrecht (Kollisionsrecht) enthält „nur" die Regeln (Kollisionsnormen), nach denen sich richtet, welches nationale Erbrecht zur Anwendung kommt. Die Kollisionsnormen wiederum sind, abgesehen von internationalen Verträgen zwischen den Staaten, nationales Recht, d.h., sie können sich auch widersprechen. In einem Erbfall mit Auslandsbezug ist deshalb regelmäßig ein Fachmann vor Ort zu dem ausländischen Recht einzuschalten.

- **Beschweren:** Der Erblasser kann nicht nur die Erben, sondern auch einen Vermächtnisnehmer mit einer Auflage oder einem Vermächtnis beschweren, d.h. dem Betroffenen auferlegen, die Auflage zu erfüllen bzw. einem Dritten das Vermächtnis zukommen zu lassen.

- **Bestattung:** Die Art seiner Bestattung (Beerdigung, Einäscherung) kann der Erblasser letztwillig bestimmen (z.B. durch eine Auflage, die von dem Testamentsvollstrecker überwacht wird). Die Kosten der Bestattung haben der oder die Erben zu tragen. Sie sind bei der Erbschaftsteuer abzugsfähig.

- **Erbenermittlung:** Bei in- und ausländischen Nachlassfällen, in denen die Verwandtschaftsverhältnisse und damit die Erben eines Erblassers ganz oder teilweise unbekannt sind, werden vom Nachlassgericht, vom Nachlasspfleger, vom Testamentsvollstrecker oder von Miterben bei teilweise geklärter Erbfolge professionelle Erbenermittler eingeschaltet, die ggf. auch die Beschaffung von Dokumenten übernehmen, die zum Erbnachweis benötigt werden. Für die genannten Auftraggeber ist diese Tätigkeit stets kostenfrei. Mit den ermittelten Erben einigt sich der Erbenermittler über ein Honorar (je nach Schwierigkeit der Ermittlungen ca. 20 % der Nettoerbschaft zzgl. Auslagen und MwSt. in deutschen und ca. 30 % in ausländischen Nachlassfällen). Anbieter findet man im Internet über Suchmaschinen unter dem Stichwort „Erbenermittlung".

- **Erblasser:** Der Erblasser ist die Person, deren Vermögen nach ihrem Tod aufgrund einer letztwilligen Verfügung oder der gesetzlichen Erbfolge auf andere, nämlich die Erben übergeht.

- **Erbschaft:** Die Erbschaft ist die Gesamtheit der Vermögenswerte des Erblassers. Die Erbschaft wird auch als Nachlass bezeichnet.

- **Erbschaftskauf:** Ein Erbe kann die ihm angefallene Erbschaft durch einen notariellen Vertrag verkaufen (§§ 2371 ff. BGB). Der Käufer ist dem Verkäufer gegenüber verpflichtet, die Nachlassverbindlichkeiten zu erfüllen, soweit nicht der Verkäufer ihm ausnahmsweise dafür haftet, dass sie nicht bestehen (§ 2378 BGB). Der Käufer haftet vom Abschluss des Kaufvertrages an nach außen neben dem Verkäufer den Nachlassgläubigern (§ 2382 BGB). Der Verkäufer ist verpflichtet den Nachlassgläubigern unverzüglich den Kauf und den Namen des Käufers anzuzeigen (§ 2384 BGB).

- **Erbvertrag:** Anders als in einem Testament, welches jederzeit frei widerrufen werden kann, entsteht mit einem Erbvertrag eine bindende Wirkung für den Erblasser. Er ist dann in seiner Testierfreiheit beschränkt.

- **Fiskus:** Der Fiskus ist der gesetzliche Erbe (§ 1936 BGB), wenn nicht innerhalb einer den Umständen entsprechenden Frist ein Erbe ermittelt wird.

- **Gattungsvermächtnis:** Der Erblasser bestimmt bei dieser besonderen Vermächtnisart nur Art und Menge der von ihm dem Vermächtnisnehmer vermachten Gattung. Beispiel: Geld, Aktien eines bestimmten Unternehmens.

- **Geliebtentestament:** Ein Testament des Erblassers zugunsten einer/eines Geliebten unter Umgehung der eigenen Familie ist grundsätzlich nicht sittenwidrig. Etwas anderes gilt aufgrund der Testierfreiheit nur in ganz besonderen Ausnahmefällen, etwa wenn die Erbeinsetzung nur (!) erfolgt, um die Geliebte / den Geliebten zu geschlechtlicher Hingabe zu bestimmen.

• **Haustiere:** Oftmals liegt einem Erblasser sein Haustier besonders am Herzen. Er kann dann beispielsweise als Auflage für einen Erben oder einen Vermächtnisnehmer oder als Bedingung für eine Erbeinsetzung oder ein Vermächtnis in seiner letztwilligen Verfügung festlegen, wie das Haustier von dem Betroffenen zu versorgen ist. Im Einzelfall ist dann jeweils zu überlegen, ob ggf. ein ohnehin eingesetzter Testamentsvollstrecker das überwacht.

• **Inventarerrichtung:** Das Nachlassgericht hat dem/den Erben auf Antrag eines Nachlassgläubigers eine Frist zur Errichtung des Inventars (Verzeichnis des Nachlasses, d.h. Nachlassgegenstände und Nachlassverbindlichkeiten) zu setzen (§§ 1993 ff. BGB).

• **Kunst:** Das Vererben von Kunst ist ein Spezialthema. Es ist z.B. abzuwägen, ob die Kunstgegenstände privat oder besser in einem Unternehmen gehalten werden sollten. Kunstgegenstände werden steuerlich regelmäßig relativ gering bewertet. Hier ist fachliche Beratung unerlässlich.

• **Lebensversicherung:** Die Versicherungssumme einer Lebensversicherung fällt nicht in den Nachlass. Begünstigt ist derjenige, den der Versicherungsnehmer in dem Versicherungsvertrag als bezugsberechtigt benannt hat. Das können Erben und sonstige Personen sein. Schlägt ein Erbe seine Erbschaft aus, behält er dennoch seine etwaige Bezugsberechtigung. Die ganze Versicherungssumme unterliegt der Erbschaftsteuer.

- **Miterbe:** Mehrere Erben eines Erblassers nennt man Miterben. Sie bilden eine Erbengemeinschaft.

- **Nachlassgericht:** Nachlassgericht ist das Amtsgericht (Richter am Amtsgericht) am letzten inländischen Wohnsitz des Erblassers. Es ist für alle Verrichtungen im Zusammenhang mit einer Erbschaft zuständig.

- **Nachlasspflegschaft:** Soweit ein Bedürfnis dafür besteht (Beispiel: Die Erben sind unbekannt), hat das Nachlassgericht für die Sicherung des Nachlasses zu sorgen (§ 1960 ff. BGB). Es bestellt dazu einen Nachlasspfleger, der die Erben sucht. Dieser unterliegt der Aufsicht des Nachlassgerichts und haftet den endgültigen Erben für schuldhafte Verletzungen seiner Pflichten zur Nachlasssicherung. Für die Erbenermittlung gibt es professionelle Unternehmen.

- **Nachvermächtnis:** Dieses spezielle und seltene Vermächtnis liegt vor, wenn der Erblasser einen Gegenstand ab einem bestimmten Zeitpunkt oder Ereignis einem Dritten zuwendet. Dieses „Untervermächtnis" beschwert nicht den/die Erben, sondern den ersten Vermächtnisnehmer (Vorvermächtnisnehmer).

- **Nießbrauch:** Ein Nießbrauch (§§ 1030 ff. BGB) gewährt dessen Inhaber das Recht, eine bewegliche oder unbewegliche Sache oder ein Recht umfassend zu nutzen. Nießbrauchsgestaltungen werden mitunter für die vorweggenommene Erbfolge empfohlen, um das Vermögen schon lebzeitig zu übertragen und so Schenkungsteuerfreibeträge und die 10-Jahres-Frist auszunutzen. Das Eigentum wird übertragen und der Nießbrauch wird sich vorbehalten. Dabei wird oft übersehen, dass das Eigentumsrecht stärker ist als der Nießbrauch. Im Streitfall wird sich der Eigentümer deshalb letztlich typischerweise durchsetzen. Eine sinnvolle Alternative kann die Übertragung gegen eine Rentenleistung sein.

• **Scheidung:** Mit der Scheidung und auch wenn zum Zeitpunkt des Todes des Erblassers die Voraussetzungen für eine Scheidung vorlagen und ein Scheidungsantrag gestellt war, ist das Erbrecht des Ehegatten erloschen.

• **Testament:** Das Testament ist eine einseitige, jederzeit widerrufliche Erklärung einer Person (Erblasser), die damit Anordnungen für den Fall ihres Todes trifft.

• **Unterhalt:** Die Unterhaltsansprüche zwischen Verwandten in gerade Linie (§§ 1601 ff. BGB) erlöschen grundsätzlich mit dem Tode des Unterhaltsverpflichteten. Ausgenommen sind nur solche Ansprüche, die auf Erfüllung oder Schadenersatz für die Vergangenheit gerichtet sind oder die im Zeitpunkt des Todes des Unterhaltsverpflichteten fällig waren (Erblasserschulden). Der Unterhaltsanspruch der geschiedenen Ehefrau (§§ 1569 ff. BGB) geht als Nachlassverbindlichkeit auf die Erben über. Sie haften aber nicht über den Betrag eines (gedachten) Pflichtteils für die geschiedene Ehefrau hinaus (§ 1586 b BGB).

- **Vermächtnis:** Ein Vermächtnis ist die Zuwendung von einzelnen Gegenständen durch einen Erblasser an den Vermächtnisnehmer. Der Vermächtnisnehmer erhält einen Herausgabe- oder Verschaffungsanspruch gegen den/die Erben.

- **Vermächtnisnehmer:** Der Vermächtnisnehmer hat aufgrund des Vermächtnisses des Erblassers einen Anspruch gegen die Erben auf Verschaffung des Vermächtnisses.

- **Verschaffungsvermächtnis:** Bei diesem besonderen Vermächtnis muss der Erbe dem Vermächtnisnehmer den vom Erblasser vermachten Gegenstand erst noch beschaffen (Beispiel: ein aktuelles Porsche 911 Cabrio mit Serienausstattung).

- **Vorausvermächtnis:** Ein Vorausvermächtnis wird für einen Erben ausgesetzt. Dieser Erbe erhält damit eine Doppelstellung als Erbe und Vermächtnisnehmer. (Formulierungsbeispiel: „Ohne Anrechnung auf seinen Erbteil vermache ich meinem Sohn X meine Eisenbahnsammlung.")

Literatur zur Vertiefung

Frieser, Andreas (Hrsg.): Handbuch des Fachanwalts für Erbrecht. München 2005

Götzenberger, Anton-Rudolf: Optimale Vermögensübertragung – Erbschaft- und Schenkungsteuer. 2. Auflage, Herne 2009

Krug, Walter / Rudolf, Michael / Kroiß, Ludwig (Hrsg.): Erbrecht. 2. Auflage, Bonn 2003

Palandt (Hrsg.): Bürgerliches Gesetzbuch. 68. Auflage, München 2009

Rudolf, Michael / Bittler, Jan / Roth, Wolfgang: Vorsorgevollmacht, Betreuungsverfügung und Patientenverfügung. 2. Auflage, Angelbachtal 2006

Schiffer, K. Jan: Der Unternehmensanwalt. Neuwied 1997

Schiffer, K. Jan: Das Stiftungsrecht in der Beraterpraxis. 2. Auflage, 2009

Schiffer, K. Jan (Hrsg.): Schiedsverfahren und Mediation. 2. Auflage, Köln 2005

Schiffer, K. Jan/Rödl, Christian / Rott, Eberhard: Haftungsgefahren in Unternehmen. Herne/Berlin 2004

Schiffer, K. Jan: Ehevertrag. 2. Auflage, Berlin 2007

Schiffer, K. Jan/von Schubert, Michael: Haftung. 2. Auflage, Berlin 2007

Weirich, Hans Achim: Erben und Vererben. 5. Auflage, Herne/Berlin 2004

Wiechers, Ralph: Die Unternehmerfamilie: Ein Risiko des Familienunternehmens? Norderstedt 2004

Adressen

- AGT Arbeitsgemeinschaft der Testamentsvollstreckung und Vermögenssorge e. V.
  Postfach 30 01 05
  53181 Bonn
  www.agt-ev.de

- Bundesverband Deutscher Stiftungen e. V.
  Haus Deutscher Stiftungen
  Mauerstraße 93
  10117 Berlin
  www.stiftungen.org

- Deutsche Institution für Schiedsgerichtsbarkeit
  e. V. (DIS)
  Hauptgeschäftsstelle
  Beethovenstr. 5-13
  50674 Köln
  www.dis-arb.de

- DVEV – Deutsche Vereinigung für Erbrecht
  und Vermögensnachfolge e. V.
  Hauptstraße 18
  74918 Angelbachtal/Heidelberg
  www.dvev.de

- Infotelefon Organspende
  (gebührenfreie Telefonnummer): 0800/90 40 400

Stichwortverzeichnis